AF312281

CLÉMENCE

ou

LA FILLE DE L'AVOCAT.

PARIS. — IMPRIMERIE DE Mme Ve DONDEY-DUPRÉ,
RUE SAINT-LOUIS, 46, AU MARAIS.

CLÉMENCE

ou

LA FILLE DE L'AVOCAT,

COMÉDIE EN DEUX ACTES MÊLÉE DE COUPLETS,

PAR

MADAME ANCELOT.

REPRÉSENTÉE, POUR LA PREMIÈRE FOIS, SUR LE THÉÂTRE DU GYMNASE
DRAMATIQUE, LE 26 NOVEMBRE 1839.

PARIS.

MARCHANT, ÉDITEUR,

BOULEVART SAINT-MARTIN, 12.

—

1839

LETTRE A UN AMI ABSENT,

SUR LES THÉATRES DE PARIS.

En vous adressant ce petit ouvrage, je veux vous dire comment et pourquoi j'ai cherché de nouveaux interprètes pour cette nouvelle comédie, quoique le public ait traité avec beaucoup d'indulgence les ouvrages que j'ai fait représenter au Théâtre-Français, et qu'il soit venu les y chercher. Cela vous apprendra quelque chose sur la direction de nos théâtres de Paris, dont les étrangers connaissent seulement les résultats, sans se douter que ces résultats seraient probablement différens, si les écrivains dramatiques étaient toujours laissés à leurs inspirations naturelles.

Tous les théâtres de l'Europe représentent habituellement des traductions de pièces françaises, et il est rare qu'une pièce étrangère soit traduite ou imitée pour un théâtre de Paris : ce qui prouve au moins la fécondité prodigieuse de la France dans ce genre d'ouvrages! C'est un avantage qu'aucun pays ne peut de notre temps lui contester.

En effet, si jadis les grands écrivains dramatiques de tous les pays ont analysé le cœur humain avec la puissance du génie ; s'ils ont peint les passions avec l'énergie du talent, et tracé les caractères avec l'habileté de l'expérience, les écrivains de notre époque ont exploité les mille petites circonstances de la vie intérieure et les combinaisons nombreuses où les caractères et les passions se montrent, se heurtent et se développent chaque jour ; et ils les ont traitées avec un talent, une adresse et un bonheur qu'aucune autre époque n'avait atteints. Mais si ce talent s'est souvent restreint dans les bornes étroites de petites comédies courtes et légères, c'est peut-être parce que les pièces sont faites avant tout pour être jouées, et qu'il y a ici plusieurs excellens théâtres pour représenter des ouvrages de petites dimensions, tandis que les grands ouvrages littéraires n'ont pas de moyens de paraître au grand jour de la représentation.

Le Théâtre-Français a un immense répertoire composé de tous les chefs-d'œuvre dramatiques de plusieurs siècles ; leur représentation occupe la moitié des jours de l'année. Il y a ensuite, dans une direction dont les intérêts ne sont pas liés à ceux du théâtre qu'elle dirige, des protégés qui prennent la plus grande partie des autres jours. Il reste donc si peu de place pour les écrivains qui apportent là des succès sans protection, que souvent leurs ouvrages disparaissent de l'affiche et du répertoire lorsque le public venait encore les chercher avec empressement. Aussi toutes les comédies et tragédies jouées depuis quelques années sont complètement bannies du théâtre qui a profité de leur succès, à moins qu'une autre puissance que celle du talent ne les ait sauvées de la proscription. Il est vrai qu'on joue encore et que l'on se donne même la peine de faire apprendre aux nouveaux acteurs, afin de les garder soigneusement au répertoire des pièces telles que *l'Intrigue Épistolaire*, *l'Amant Bourru*, *les Deux Frères*, et quelques autres ouvrages sans valeur, qui usurpent sans droits les jours destinés aux chefs-d'œuvres. Mais c'est que leurs auteurs ont pour l'emporter sur les ouvrages modernes l'avantage d'être morts ; avantage qu'on ne leur envie pas, quoiqu'ils en abusent un peu.

On a beaucoup parlé de ces traités particuliers qui garantissaient à certains écrivains le fruit de leur travail, de manière à ce que les tribunaux pussent condamner le théâtre quand il manquait à ses engagemens. Ces traités ont été la preuve de l'impossibilité où l'on est d'obtenir justice au Théâtre-Français, si l'on y reste dans les conditions ordinaires : car, si l'on a fait représenter un ouvrage important, fruit de soins, de veilles et de réflexions, et que cet ouvrage, malgré son mérite, n'attire pas la foule, on dit à l'auteur que la première condition pour jouer une pièce est qu'elle procure de l'argent à l'administration. Si, au contraire, l'auteur peut dire que son ouvrage fait de plus grosses recettes que les pièces qu'on joue à son préjudice, on lui répond que le Théâtre-Français n'est pas fait pour considérer la question d'argent, mais pour jouer des chefs-d'œuvre. Et l'auteur, sans autre protection que ses droits, voit mettre à jamais hors du répertoire des ouvrages applaudis du public, et cela surtout quand d'énormes bénéfices pour le théâtre auraient dû leur donner le droit incontestable d'y rester ; parce que les théâtres royaux étant exclusivement destinés aux protégés des directeurs et des commissaires du roi, plus le succès que vous y obtenez est grand, plus on vous y traite mal, dans la crainte que vous n'y gardiez une place réservée à d'autres.

Que faire alors ? renoncer au Théâtre-Français, et venir chercher ces théâtres qu'on appelle *petits* à cause de la dimension de leur salle, mais qu'on ne peut appeler *secon-*

daires, maintenant qu'il est convenu en France que les premières places appartiennent au talent.

Voilà pourquoi tant de jeunes gens d'un esprit distingué sont forcés d'ajuster aux proportions d'une scène moins vaste l'idée dramatique ou comique qu'ils auraient pu traiter plus largement, s'il y avait des grands théâtres dirigés avec justice et intelligence, et où les chances fussent pareilles pour tous. Ces théâtres trouveraient leur récompense et leurs moyens de succès dans les nombreux ouvrages qu'on leur présenterait et parmi lesquels ils pourraient choisir ; la foule qui les abandonne reviendrait : on y répéterait des pièces au lieu de s'y disputer ; on n'aurait besoin ni de l'autorité, ni des commis du ministre ; car les théâtres vivent d'acteurs et de pièces, et non pas d'ordonnances ministérielles et d'arrêtés du conseil d'état.

Toutes les idées dramatiques se sont donc naturellement tournées vers des théâtres indépendans, dont les intérêts sont liés avec ceux de leur directeur. Là l'auteur qui plaît au public et l'attire n'a pas la triste chance de voir son ouvrage sacrifié au désir que ce directeur a de se faire des amis ou des protecteurs, ou au caprice d'un acteur mécontent. Le directeur n'a qu'un intérêt, son théâtre : et les acteurs, qui dépendent de lui seul, sont forcés de lui obéir. Aussi, ces théâtres se soutiennent-ils sans subvention, avec des frais de décorations, costumes et appointemens d'acteurs, qui, à proportion, dépassent de beaucoup ceux du Théâtre-Français ; et cela dans des salles où il tient bien moins de monde, et où le prix des places est à peine la moitié de celui du grand théâtre.

Nul doute que, s'il eût été possible de se faire une réputation avec des ouvrages importans, et qu'on eût trouvé autant de facilité pour en tirer parti, que l'on en trouve pour faire jouer de petites comédies, notre époque eût produit un plus grand nombre d'ouvrages de haute littérature dramatique : car nulle autre époque ne fut plus favorable pour les théâtres, et le nombre des personnes qui vont chaque soir dans les salles de spectacle ne s'est jamais élevé aussi haut.

C'est quelque chose de prodigieux, et qui donne bien l'idée d'une ville immense, que la somme d'argent qui se dépense tous les jours à Paris pour les théâtres, depuis la loge de l'Opéra ou des Bouffes, qui se paie quatre-vingts francs pour la soirée, jusqu'à la place qui se paie trois sous dans un petit spectacle du boulevard. Il y a du monde partout, et du monde payant et écoutant : seulement la place où l'on paie le moins est presque toujours celle où l'on écoute le mieux.

Ce goût, de même que celui des *clubs*, vient sans doute du peu d'agrément qu'offrent les salons. Excepté quelques petites réunions intimes et quelques grands bals , la société comme amusement n'existe pas, puisqu'elle n'a pas de centre commun, que l'on reste étrangers les uns aux autres dans les salons nombreux, et que la vanité et l'intérêt qui conduisent dans les hôtels des gens en place isolent toutes les personnes qui s'y rencontrent. Aussi, qu'une femme soit jolie et spirituelle, qu'importe ? on ne lui parle même pas. Qu'un homme soit distingué par son intelligence et son savoir ; qui s'en embarrasse ? Il a tout juste la valeur de son emploi et de son crédit, et l'on s'occupe de lui à proportion de ce qu'on peut en attendre. Ceux qui n'ont ni emploi ni crédit, et qui ne les poursuivent pas, s'en retournent en se demandant ce qu'ils sont venus faire : ils rentrent chez eux mécontens et ennuyés, non seulement pour ce qu'ils ont vu et entendu, mais encore pour ce que les autres n'ont pas voulu voir et entendre! Et le lendemain ils vont se distraire au spectacle! là du moins, si l'on ne joue pas soi-même un rôle, on n'a pas le chagrin d'être trompé sur l'effet qu'on croyait y produire.

Malheureusement on s'isole et l'on se disperse aussi dans le choix de ses spectacles, et la société perd encore là sa puissance! elle ne fait pas assez les succès, et elle les suit trop! Elle n'impose pas assez son goût et s'arrange trop aisément d'idées qui ne sont pas les siennes. Si la haute société, riche, oisive et brillante, gardait l'initiative pour les succès des lettres et des arts, elle leur imposerait son goût plus pur et plus sévère, et exercerait ainsi sans rivalité une belle et digne puissance, comme on vit jadis la Grèce soumise garder et imposer à la force qui la dominait ses idées élevées, ses mœurs délicates et ses grâces élégantes.

Il est vrai que la société se porte habituellement aux théâtres de musique, peut-être comme une protestation contre les drames modernes qui ont souvent choqué ses nobles susceptibilités. On la voit aussi venir chercher ce charmant théâtre du Gymnase, où rien ne blesse jamais ses habitudes, où l'on joue avec un ensemble parfait, et où je viens de porter avec bonheur ce nouvel ouvrage. Mais si le public m'a bien accueillie dans ce théâtre comme il l'avait fait au Théâtre-Français, c'est que mes petites comédies, prises dans la vie réelle, et dans les nuances des sentimens et des pensées, ont surtout besoin d'interprètes dont le talent représente avec naturel et vérité les habitudes et les manières de la bonne compagnie; c'est que le cadre étroit d'une petite salle les sert, au lieu de leur nuire. Mais il n'en peut être ainsi pour les grands ouvrages historiques, pour les larges proportions d'une comédie en cinq actes et en vers, enfin pour ces compositions de haute importance, avec lesquelles un homme arrive à la réputation et à la gloire ; et ces ouvrages-là n'ont, malgré les vingt théâtres de Paris, aucun moyen convenable de se présenter au public. Ne vous étonnez donc pas s'il en arrive si peu jusqu'à vous.

Cette situation est déplorable pour l'art dramatique, art si puissant et si beau ! car il est l'organe des nobles pensées et des profonds sentimens ; et il en communique l'impression avec une force qu'aucun autre art ne peut atteindre.

Quant à moi, qui n'avais cherché dans les ouvrages que j'ai fait jouer que de douces heures de distractions, j'ai trouvé dans mon travail plus que je ne lui avais demandé.

Vous le savez ; quand je commençai à essayer d'écrire, c'était dans de bien tristes jours ! la mort avait enlevé mes parens les plus proches ; l'exil avait éloigné mes amis les plus chers ; les autres avaient vu les chemins de la fortune et de la puissance s'ouvrir devant leurs pas, et ceux-là n'étaient pas les moins perdus pour l'amitié. Le travail alors arrachait mon esprit à de tristes idées : maintenant, par reconnaissance peut-être, je l'aime pour lui-même ; comme un ami qui peut rester toujours ; comme un plaisir qui ne fuit pas ; comme un lien qui nous unit à ceux qui nous lisent et nous écoutent ; comme un rapport intime qui excite leur sympathie, fait naître leur intérêt, réveille parfois celui des amis oublieux, et va porter au loin notre nom à ceux que, malgré le temps et la distance, on regrette et l'on aime toujours.

Vie Ancelot.

PERSONNAGES.   ACTEURS.

LOUIS RAMBERT, avocat. . . . .   M.   VOLNYS.
LE BARON DE CHATEAUNEUF. . . . . .   M.   FERVILLE.
HERMANN, fils du Baron. . . . .   M.   RHOZEVIL.
DUVERNAY . . . .   M.   KLEIN.
CLÉMENCE, fille de Rambert . . . .   Mme   VOLNYS.
MADAME DURAND . . . .   Mme   VSANAZ.
UN SECRÉTAIRE . . . .   M.   ALEXANDRE.
DEUX CLERCS.
UN DOMESTIQUE.
DES VALETS.

La scène est à Paris, en 1839.

La mise en scène exacte de cet ouvrage, transcrite par M. L. PALIANTI, fait partie de la collection des mises en scène publiées par le journal *la Revue et Gazette des Théâtres*, rue Sainte-Anne, n° 55.

CLÉMENCE

ou

LA FILLE DE L'AVOCAT.

ACTE PREMIER.

Le théâtre représente un salon dans un hôtel garni, à Paris. Porte au fond; porte à droite au deuxième plan ; au premier plan, du même côté, une causeuse.

SCÈNE PREMIÈRE.

CLÉMENCE, *seule, est couchée sur la causeuse, et ajuste un ruban à sa ceinture.*

Ce ruban, je le portais le premier jour où je vis Hermann, il y a quatre mois ; je le garderai toute ma vie, et je le mettrai de temps en temps pour nous porter bonheur. (*Elle écoute d'un air inquiet.*) Il ne revient pas, et je ne puis supporter son absence, quoique nous ayons le temps d'être ensemble... car c'est pour toute la vie qu'on est marié ! (*Elle a tiré un anneau de son doigt, l'a ouvert, et lit les deux noms gravés à l'intérieur.*) « Clémence Rambert; Hermann de » Châteauneuf. » (*Parlant.*) Nos deux noms unis pour jamais... Et cependant je m'afflige dès qu'il me quitte ! c'est que je suis si peu accoutumée au bonheur, que je crains à chaque instant de le voir m'échapper !... Cher Hermann! (*Elle écoute et dit avec un mouvement de joie en se levant.*) C'est lui !... (*Elle court à la porte et recule ensuite en voyant quelqu'un avec Hermann.*) Il n'est pas seul !

SCÈNE II.

DUVERNAY, HERMANN, CLÉMENCE.

DUVERNAY.

Oh! j'effraie madame?

HERMANN, *à Duvernay*.

C'est une nouvelle arrivée à Paris, que ma Clémence. (*A Clémence.*) Chère amie, je te présente un ancien ami, M. Duvernay.

DUVERNAY.

Empressé de vous offrir son respect, madame. (*Se tournant vers Hermann*) Et charmé de vous faire compliment, mon ami... Votre mariage est bien nouveau sans doute?

HERMANN.

Mariés depuis quinze jours.

DUVERNAY.

Ce que j'apprends, ce que je vois... surtout... m'explique comment il a failli me renverser sans me reconnaître, au coin de la rue voisine... comment il refusait de s'arrêter... Enfin il a bien fallu qu'il me dît: Je suis marié! une femme, mon ami, une jolie femme! j'avais deviné madame. (*A Clémence.*) Mais j'ai voulu vous être présenté à l'instant même! car je suis, je l'avoue, un peu égoïste, et je veux admirer ce qui est beau! (*A Hermann.*) D'ailleurs je vous ai vu enfant. Je suis l'ami de son père, cet excellent baron de Châteauneuf.

CLÉMENCE, *faisant un mouvement.*

Ah! vous connaissez le baron de Châteauneuf!

DUVERNAY.

Si je le connais? Lui? qui est un si joyeux convive? lui, qui possède la plus belle cave, le meilleur gibier, et le plus aimable caractère? Mais c'est mon ami naturel! aussi je passe toujours le mois d'octobre à sa belle terre de Bretagne, le bon temps de la chasse!... alors la table est délicieuse à la campagne, et il n'y a pas une maison ouverte à Paris.

HERMANN, *souriant.*

Et Duvernay regarde le dîner comme l'événement le plus important des vingt-quatre heures de la journée.

DUVERNAY, *riant.*

C'est d'abord celui dont on aime le moins à se passer... Autrefois les poëtes et les amoureux se moquaient de cela; mais de notre temps le génie et l'amour lui-même aiment aussi à bien dîner : pourtant dîner n'est rien, si ce n'est en bonne et aimable compagnie. Jadis, je la rassemblais chez moi; mais j'ai fait comme les autres, des spéculations; chacun voulait m'enrichir et me procurait des actions d'entreprises parfaitement sûres; ce qui fait qu'en peu d'années j'ai eu le chagrin d'être ruiné sans avoir eu le plaisir de dépenser mon argent.

CLÉMENCE, *riant.*

Et cela ne fait pas compensation.

DUVERNAY.

Heureusement, on trouve ici mille moyens de réparer cela : j'ai fondé à mon tour une entreprise magnifique; de mes créanciers j'ai fait des actionnaires, et j'espère rétablir ma fortune!... Qu'importe d'ailleurs?... Paris a tant d'amusemens pour dédommager ceux qu'il ruine! Je puis vous faire inviter dans des maisons riches et brillantes, où l'on me reçoit à merveille : j'y suis presque le principal personnage, car c'est toujours moi qui suis chargé de l'amener.

Air : *Restez, restez, troupe jolie.*

Veut-on donner une soirée :
Moi seul j'arrange le concert :
J'obtiens l'actrice désirée,
J'amène Duprez ou Talberg,
Et chaque salon m'est ouvert !
Air ennuyé, visage triste,
Me causent un malaise affreux,
Et, comme je suis égoïste,
J'aime à voir tout le monde heureux.

CLÉMENCE, *riant.*

C'est-à-dire que vous contribuez au plaisir des autres, à charge de revanche?

DUVERNAY.

Et si je puis vous être utile..

CLÉMENCE.

Merci, monsieur, pour votre bonne volonté; mais je pense que nous vivrons très-retirés.

DUVERNAY.

A votre âge? Ne serait-ce pas le baron, votre beau-père, que vous craindriez? Il a élevé son fils sévèrement, durement même, et non pas comme un unique héritier destiné à avoir quatre-vingt mille livres de rentes. Souvent je l'ai blâmé de sa sévérité; je lui disais : Cet enfant n'est pas heureux, il devient craintif, défiant; et quelquefois cela tourne mal. (*Les jeunes gens font un mouvement.*) Oui, les jeunes gens élevés trop rudement font de plus grandes sottises que les autres! heureusement je me trompais, et tout est pour le mieux... Mais mon vieil ami, ce cher baron, n'est pas aussi ennemi du plaisir qu'Hermann a pu le croire, et à présent que vous voilà mariés... Comment ne m'a-t-il donc rien dit hier de votre mariage?

CLÉMENCE , *étonnée.*

Hier!... vous l'avez vu hier?

DUVERNAY.

Sans doute... cela semble vous étonner ?

CLÉMENCE , *à part.*

A Paris!... lui?... (*Haut*). Non, pas du tout.

DUVERNAY.

Je l'ai rencontré hier, entrant chez notre célèbre avocat Rambert.

HERMANN , *vivement.*

Comment ?

CLÉMENCE , *troublée, à part.*

Le baron chez mon père... qu'y allait-il faire?

DUVERNAY, *très-étonné, les regarde avec surprise et attention.*

Qu'y a-t-il donc? Quel air étonné, interdit !

HERMANN , *essayant de se remettre.*

Rien... M. Rambert vous est connu : vous avez vu mon père chez lui ?

DUVERNAY.

Pourquoi cette surprise? d'abord moi, je connais tout le monde : c'est le moyen de bien choisir ses amis , et Rambert est de ceux que j'estime le plus et que j'aime le mieux. Dans ce moment-ci, son talent me sera fort utile ; hier je sortais de chez lui quand le baron montait l'escalier... nous n'avons pu nous dire ainsi que quelque paroles.

CLÉMENCE, *à part, avec inquiétude, examinant Hermann.*

Si Hermann me cachait quelque chose?

DUVERNAY.

Est-ce que le baron ne demeure pas avec vous?

HERMANN, *embarrassé.*

Non!... ce logement n'est que provisoire, et bientôt...

DUVERNAY.

Alors, donnez-moi son adresse : j'irai en sortant d'ici.

HERMANN, *avec embarras.*

Mais. . je ne sais pas vraiment...

DUVERNAY, *étonné.*

Vous ne savez pas où demeure votre père! Quel mystère!...

CLÉMENCE, *essayant de réparer ce qui a été dit.*

Aucun! Nous ne sommes pas venus à Paris tous ensemble... un voyage nous a tenus loin du baron depuis notre mariage... à peine arrivés... nous ignorons encore où il loge...

DUVERNAY.

Eh bien! c'est moi qui vous l'apprendrai! tout-à-l'heure... je vais le demander chez Rambert.

HERMANN, *avec un mouvement de curiosité.*

Ainsi vous connaissez beaucoup M. Rambert, et c'est un homme...

DUVERNAY.

Oh! un singulier homme, vraiment! un ami de vingt ans, à qui je ne connais pas un défaut; un avocat célèbre qui n'a jamais fait ni un mauvais discours ni une mauvaise action : désintéressé, modeste et bon, il possède le plus grand talent et la plus austère probité... J'aime à croire qu'il s'en trouve beaucoup comme cela dans Paris, en mil huit cent trente-neuf... mais, pour mon compte, je n'ai jamais connu que lui.

CLÉMENCE, *à part, avec joie.*

Mon père!

DUVERNAY.

Et s'il était ambitieux! comme il parviendrait de notre temps!.. quand tout se fait avec des paroles... même la guerre... quelles belles chances pour les avocats! Mais il ne pense qu'au travail, il vit très-retiré, et ne reçoit guère habituellement que des gens de mérite... Je ne le vois pas très-souvent; mais on le trouve toujours quand on en a besoin, et je dois me rendre chez lui ce matin pour une affaire.. Je reviendrai ensuite, madame, tout à vos ordres, si vous daignez me permettre de vous faire les honneurs de Paris.

CLÉMENCE.

Je vous rends grâces, monsieur, et ne refuse pas entièrement des offres aussi obligeantes.

DUVERAY.

Agréez donc, madame, mes respectueux hommages. (*A Hermann.*) Au revoir. mon ami.

HERMANN.

Au revoir.

Duvernay sort.

SCÈNE III.

HERMANN, CLÉMENCE.

CLÉMENCE.

Que m'a-t il appris? Ton père est à Paris, et tu me le cachais !

HERMANN, *embarrassé.*

Je ne l'ai pas vu... Effrayé de son arrivée, je n'osais te l'apprendre... mais ce que vient de dire Duvernay accroît ma curiosité... mon père chez le tien !

CLÉMENCE.

Ton père, Hermann, il ne me connaît pas... il ne peut savoir que l'avocat Rambert est mon père, car il ignore jusqu'à mon nom véritable : il croit encore que celle qui a suivi son fils se nomme Camille Rinval. (*Avec gaîté.*) Mais non, il n'y a plus de Camille Rinval..... plus même de Clémence Rambert... il n'y a plus que la femme d'Hermann, portant son nom à lui... Ah! c'est mon mari que j'ai suivi... c'est sa femme qui lui a obéi, sa femme !

HERMANN.

Oui, c'est pour toute la vie que nous nous aimons.

CLÉMENCE.

Cette pensée fait qu'on s'aime encore davantage.

HERMANN.

Toujours ensemble !

CLÉMENCE, *s'assied et le fait asseoir à côté d'elle.*
Viens là... et parlons de l'avenir.
HERMANN.
Chagrins et plaisirs seront en commun.
CLÉMENCE.
Qu'est-ce qui pourrait nous faire jamais du chagrin, puisque nous ne nous quitterons plus ?
HERMANN.
Parlons donc des plaisirs! nous aurons d'abord tous ceux de Paris à notre disposition, les bals, les spectacles, les promenades.
CLÉMENCE.
Oui, à tes côtés, mon bras appuyé sur le tien comme cela ; nous irons chercher pour nous promener les endroits les moins fréquentés.
HERMANN.
Puis les spectacles...
CLÉMENCE.
Oh! je suis bien sûre que toutes les comédies où l'on parle d'amour ne me feront pas autant de plaisir qu'un seul mot que tu m'adresses à moi... Il y a les bals...
HERMANN.
Où nous danserons ensemble.
CLÉMENCE.
Sûrement; mais tout ce monde qui sera là nous gênera bien un peu.
HERMANN.
Je te ferai présent de bijoux, de fleurs, de parures charmantes.
CLÉMENCE.
Qui me rendront plus jolie pour te plaire.
HERMANN, *soupirant.*
Et à d'autres aussi, malheureusement.
CLÉMENCE.
Oh! ce serait un vol que je te ferais.

AIR *nouveau de M. Hormille.*

PREMIER COUPLET.

Cher Hermann, il me semble
Que ces plaisirs si doux ,
Si nous n'étions ensemble,

Disparaîtraient pour nous :
Que rien ne nous sépare,
Restons ici !... ta Clémence, crois-moi,
Se pare
Pour toi !

DEUXIÈME COUPLET.

Qu'importe un vain hommage
Aux cœurs tels que le mien ?
Je ne veux qu'un suffrage,
Un seul, et c'est le tien !...
Que rien ne nous sépare,
Restons ici !... ta Clémence, crois-moi.
Se pare
Pour toi !

HERMANN.

Ma Clémence, nous avons les mêmes goûts. les mêmes idées.

CLÉMENCE.

Le ciel nous destinait vraiment l'un à l'autre.

HERMANN.

Aussi, quand on a voulu nous séparer...

CLÉMENCE, *riant.*

Nous avons obéi à l'arrêt du ciel, et nous nous sommes condamnés à ne jamais nous quitter.

HERMANN, *avec inquiétude.*

Puisses-tu ne pas regretter...

CLÉMENCE, *gaîment.*

Quoi donc ? la triste maison de ma grand'mère, où l'on me grondait sans cesse, et où je n'aurais jamais entendu une parole d'amitié, sans une bonne gouvernante qui m'avait élevée, Mme Durand ! Sa bonté essayait de chasser la tristesse et occupait ma grand'mère, en lui lisant des romans pour me laisser un peu de liberté pendant ce temps-là : ainsi, moi, qui n'ai plus de mère et que mon père oubliait, tout le bonheur de seize années m'avait été gardé pour un seul jour... le jour où je te vis !

HERMANN.

Si jamais des dangers... des privations... venaient ?...

CLÉMENCE.

Je crois que j'en serais bien aise ! Si, au lieu d'être le fils unique du riche baron de Châteauneuf, tu n'avais pu m'offrir qu'une hum-

ble et pauvre destinée, partagée avec toi, à tes côtés, mon Hermann.
je serais heureuse... oui, je serais toujours la plus heureuse des
femmes.

HERMANN, l'embrassant.

Chère Clémence! que j'aime à t'entendre!... ce que je sens, tu
sais le dire... et ton cœur si tendre et si bon me fait mieux comprendre le mien... (*On entend du bruit au dehors.*) Quel bruit?

CLÉMENCE.

Encore quelqu'un! quel ennui!...

HERMANN.

Entre là, dans ta chambre.

Il la fait entrer dans la chambre à droite.

UNE VOIX, au dehors.

Votre nom, madame.

SCENE IV.

Mme DURAND, HERMANN.

Mme DURAND.

Je vous dis que j'entrerai sans façon; qu'il est ici, et que je veux
lui parler.

HERMANN.

Qu'y a-t-il?

Mme DURAND.

Il y a que je viens de faire un affreux voyage par mer et par terre
pour courir après vous.

HERMANN, étonné.

Après moi?

Mme DURAND.

Car vous êtes bien monsieur Hermann de Châteauneuf?

HERMANN.

Sans doute.

Mme DURAND.

Voyons donc un peu cette tournure de héros de roman.

HERMANN, blessé.

Madame...

Mme DURAND, *l'examinant.*

Un tout jeune homme!... à peine vingt ans, qui enlève une jeune personne!... il n'y a plus d'enfans. Monsieur, où est ma chère Clémence ?

HERMANN.

Votre chère Clémence ?... Quoi ! vous seriez...?

Mme DURAND.

Madame Durand.

HERMANN, *joyeux.*

Vous qui aimiez Clémence!... qui la consoliez!... quel bonheur!... Clémence, viens vite, c'est la bonne Mme Durand.

Il va près de la porte de la chambre.

CLÉMENCE, *accourant.*

Quoi!... vous voilà !... c'est vous!...

Mme DURAND.

Sûrement!... courant après vous de tous côtés.

CLÉMENCE.

Chère bonne amie!...

Mme DURAND.

Que de tourmens depuis votre départ!...

CLÉMENCE.

Mais que vous avez bien fait de venir!...

HERMANN.

Vous resterez ici avec nous...

Mme DURAND, *étonnée.*

Avec vous ?

CLÉMENCE, *toute joyeuse, entourant de ses bras Mme Durand, qui s'est assise. Hermann fait de même de l'autre côté.*

Nous vous aimerons bien... vous resterez ici heureuse et tranquille !

Mme DURAND, *avec gaîté et bonhomie.*

Tranquille!... heureuse!... j'aurais pu l'être, sans mari, sans enfans, sans soucis. Mais n'ai-je pas eu du malheur!... je me charge d'élever Maria, votre pauvre mère. (*Avec tristesse.*) Hélas!... ensuite je ne peux quitter son enfant, que ses dernières paroles m'avaient recommandée, et j'ai le chagrin de vous voir triste et mécontente chez votre grand-mère : cela me serrait le cœur!

CLÉMENCE.

Votre bonne gaîté m'a souvent consolée !

Mme DURAND.

Moi, j'aime à rire, à plaisanter : nous autres pauvres geus, qui vivons au jour le jour, nous avons besoin de joie pour soutenir notre courage... mais une enfant élevée comme vous, ça n'a pas de force contre les contrariétés. J'obtiens qu'on vous laissera courir sur la montagne de Châteauneuf; c'était un endroit désert! Mais, bah! dès qu'il y a une jeune fille quelque part, il y a tout de suite un jeune homme qui se trouve là.

CLÉMENCE, *d'un ton suppliant.*

Oh! ma bonne amie...

Mme DURAND.

J'entends; vous craignez les reproches... mais je suis si contente de vous retrouver, que je ne veux pas vous affliger.

CLÉMENCE.

Vous êtes si bonne, que vous pardonnerez et que vous nous donnerez des conseils; car je veux aller trouver mon père et lui présenter mon mari.

Mme DURAND, *toute effarée, se levant vivement.*

Votre mari !

CLÉMENCE.

Sans doute.

Mme DURAND.

Vous avez pris un mari?

CLÉMENCE, *d'un ton caressant.*

Chère petite madame Durand !

Mme DURAND.

Oui!... Vous voulez dire que moi, j'en ai bien pris deux jadis... ce n'est pas ce que j'ai fait de mieux, et pourtant c'était avec le consentement de ma famille.

CLÉMENCE.

On nous l'eût refusé à nous... alors nous sommes allés en Angleterre, parce qu'on peut s'y marier sans avoir besoin de personne.

Mme DURAND.

Un enlèvement... un mariage secret!... bon Dieu!

CLÉMENCE, *gaîment.*

N'est-ce pas comme dans les romans que vous lisez à ma grand'-mère ?

Mme DURAND.

Les vieux romans, les romans passés de mode... Est-ce que dans es nouveaux il peut être question de mariage?... On n'y fait plus la cour qu'aux femmes mariées.

CLÉMENCE.

Il n'y aura jamais que mon mari qui me fera la cour... Si vous saviez quel bon ménage est le nôtre, depuis quinze jours que je suis sa femme !

Mme DURAND, *avec un gros soupir.*

Sa femme!... elle est mariée!... et son père, qui est à mille lieues de cette nouvelle !

CLÉMENCE.

Mon père !... Se souvient-il seulement qu'il a une fille ?

Mme DURAND.

Lui?... Mais il n'a rien sur la terre qui lui soit aussi cher que son enfant !

CLÉMENCE , *lui prenant la main.*

Oh! dites donc cela bien vite, et prouvez-le-moi, s'il est possible.

Mme DURAND.

Il faudrait pouvoir vous dire tout ce que votre père souffrit quand, au bout d'un an de mariage, notre chère Maria mourut en vous donnant la vie, et qu'il fallut vous laisser à sa pauvre mère, qui, sans cela, serait morte de son désespoir. Il devait vous reprendre avec lui dès que vous auriez atteint votre dix-septième année ; mais quand ce moment approcha, quand il ne resta plus que six mois du temps que vous deviez passer près de votre grand-mère, la crainte de vous perdre acheva de troubler sa raison, que l'âge et le chagrin avaient affaiblie.

CLÉMENCE.

Je devine à présent!... Tous ces voyages, ce changement de nom, cette retraite au fond de la Bretagne, étaient pour me soustraire à mon père ?...

Mme DURAND.

Et lui, pendant ce temps, trompé par le projet qu'elle avait annoncé d'un voyage en Italie, attendait impatiemment l'époque marquée pour votre retour près de lui. Cette époque est arrivée; il vous attend , et il faudra bien qu'il finisse par savoir le malheureux événement que nous devons reprocher peut-être à notre imprévoyance.

CLÉMENCE.

Ah ! ne vous reprochez rien à vous, ma bonne amie! Si l'on doit

accuser quelqu'un, ce n'est que moi ; et pourtant on ne sait pas assez
combien le cœur d'une jeune fille a besoin de sentir une affection qui
la protége. L'inquiétude et l'agitation de ma grand'mère m'effrayaient.
L'oubli apparent de mon père ne me laissait aucune espérance d'a-
venir, car votre embarras à mes questions sur lui me faisait croire à
un entier abandon... et le complet isolement a livré toute mon ame
à celui qui seul m'a aimée.

Elle prend la main d'Hermann tendrement.

HERMANN, *tendrement.*

Est-ce un regret, Clémence ?

CLÉMENCE.

Une action de grâce, Hermann ! car celui qui m'a aimée est le meilleur des hommes ; et son heureuse compagne peut aller sans rougir
implorer le pardon de son père.

HERMANN.

S'il t'aime réellement, il pardonnera.

Mme DURAND, *tirant une lettre.*

Cette lettre qu'il vous adressait...

CLÉMENCE.

Une lettre de mon père... Ah ! donnez vite, elle m'apprendra sans
doute encore à le connaître. Écoutez.

« Ma Clémence, ma fille bien aimée, tu vas m'être rendue : mes
« droits, cédés trop long-temps pour mon cœur, vont te ramener dans
« mes bras. Que ce jour tant désiré soit béni !

« Tu ne sauras jamais, ma chère fille, toute l'étendue de mon sa-
« crifice en me séparant de toi, l'enfant de Maria, que j'ai tant
« aimée et tant pleurée ! Mais ce que tu dois savoir, c'est que ton sou-
« venir ne me quittait pas et présidait à toutes les actions de ma vie.
« Ce que tu dois savoir encore, mon enfant, c'est ma position... elle
« a dépassé mes espérances. Je ne cherchais que la réputation d'un
« honnête homme, le monde m'accorde celle d'un homme de talent.
« Si je n'ai pas atteint la fortune, c'est qu'il faut souvent ici la payer
« d'un prix que je n'y mettrai jamais. Malgré cela, l'estime dont je
« jouis me permettra de choisir le mari de ma fille parmi les hommes
« les plus honorables, et tout me fait espérer pour toi une heureuse
« destinée.

« Viens donc, ma Clémence, embrasser le père qui t'attend avec
« impatience.

« LOUIS RAMBERT. »

Que je suis heureuse!... Quelle bonne lettre!... Mon père bénira notre mariage; il trouvera dans Hermann un fils digne de ses vertus. Mais il ne faut pas perdre un instant. (*A Mme Durand.*) Vous allez me conduire près de lui, je lui avouerai tout... et ses conseils nous aideront à fléchir aussi ton père, Hermann.

Mme DURAND.

Ah! ce sera plus difficile peut-être : M. le baron de Châteauneuf est très riche... très noble... et, dit-on, très-fier... M. Rambert doit tout à son talent; il a, vous le voyez, plus de vertu que d'argent, et je crains...

HERMANN.

Puisque Clémence est ma femme, il faudra bien que mon père donne à un mariage qui est fait le consentement qu'il eût refusé à un mariage à faire.

Mme DURAND.

Dieu le veuille !

CLÉMENCE.

Il ignore encore qui je suis, quelle est la femme choisie par son fils : qu'il ne l'apprenne que quand mon père saura tout et pourra protéger sa fille... Oh! je me sens plus tranquille en apprenant que je ne suis pas un enfant abandonné !... Je te l'avoue maintenant, des craintes me troublaient ; nous avons été imprudens, coupables peut-être... mais l'amour d'un père, c'est un gage et un espoir de bonheur... Venez, ma chère madame Durand... passons ici, que je m'apprête pour sortir... Hermann, comme je viendrai te retrouver avec joie !

AIR : *En proie au chagrin qui me tue,* (Gardes-Marine.)

De quels transports, de quelle ivresse
Le succès remplira mon cœur !
Mais dans mes bras que je te presse,
Cela nous portera bonheur !
Sur mon front brillant d'espérance,
Un doux baiser !...

HERMANN.

Rien que cela ? ..
Deux, ma Clémence!...
Du moins on ne pourra
Nous enlever ce bonheur-là!

Clémence et Mme Durand sortent par une porte latérale.

SCÈNE V.

HERMANN, *seul.*

Oui, je voulais cacher à Clémence l'arrivée de mon père à Paris, comme je lui cache encore toutes les inquiétudes qui sont la suite de notre mariage. Deux fois hier, j'ai eu avec maître Bénard, habile avocat, des entretiens qui sont loin de me rassurer... Il n'a pas voulu s'expliquer, mais il insistait fortement pour que je visse mon père sans retard. J'avais promis... et je n'ai pas osé. Me faudra-t-il trembler toujours? Non, je vais voir mon père... je lui parlerai... mon courage, mon caractère préviendront tous les malheurs dont je puis être menacé. Allons... il le faut!... (*Il fait quelques pas vers la porte de droite.*) Ah!... quelqu'un!...

SCÈNE VI.

LE BARON, HERMANN.

HERMANN.

Mon père!...

LE BARON.

Ah! vous voilà, monsieur?

HERMANN.

Je vais... je voudrais...

LE BARON.

Quel air effrayé! (*A part.*) Parlons-lui doucement. (*Haut.*) Eh bien, Hermann...

HERMANN, *avec défiance.*

Mon père!

LE BARON.

Mais qu'as-tu donc ?

HERMANN, *étonné, à part.*

Quel ton doux et bon !

LE BARON.

Est-ce que tu aurais peur?... C'est bon pour un enfant, mais un homme...

HERMANN, *s'approchant un peu.*

La crainte de vous avoir déplu... est la seule qui puisse approcher de mon ame...

LE BARON.

A la bonne heure... car, Dieu merci, tu es un homme maintenant... et tu t'es joliment émancipé sans ma participation... mais, un peu plus tôt... un peu plus tard... ça devait finir par là... Il faut que jeunesse se passe, et je me souviens encore d'avoir eu vingt ans.

HERMANN, *tout charmé.*

Mon père!...

LE BARON, *approchant un siége et s'asseyant.*

Écoute, Herman : il faut que nous ayons une petite explication... Je vais te parler en ami... Si je t'ai élevé rudement, sans admettre cette confiance que je t'accorde aujourd'hui... c'est un principe de famille, vois-tu... Les enfans ont toujours été forcés à une obéissance passive chez les barons de Châteauneuf, et je ne suis pas de ceux qui renient les idées de leurs pères... J'ai gardé intactes leurs croyances et leurs habitudes... et tu feras comme moi... J'obéissais dans ma jeunesse... c'est à toi d'obéir à présent... plus tard, tes fils te rendront cela... et chacun ayant son tour, personne n'a le droit de se plaindre.

HERMANN.

Mon père, l'honneur de votre famille sera transmis intact à mes fils... soyez-en sûr...

LE BARON.

Je n'en doute pas... Ton éducation a été celle d'un bon gentilhomme... tu ne sais pas grand'chose... mais tu manies l'épée de manière à apprendre à vivre au premier qui se permettrait de trouver que tu n'en sais pas assez... car personne ne doit jamais avoir le droit de se dire plus brave, plus généreux et plus noble de cœur qu'un baron de Châteauneuf. Avec ces idées-là... qui en valent bien d'autres, tu n'as pas besoin de toutes celles qu'on met à présent dans la tête des hommes de ton âge. Comme moi, tu mèneras douce et joyeuse vie... tu chasseras sur tes terres, *(riant)* et aussi un peu, à ce qu'il paraît, sur les terres des autres... puis, tu feras magnifiquement les honneurs de ton château à tes nobles voisins... (*avec malice*) et aussi à tes jolies voisines... c'est une bonne vie, mon enfant...

AIR *d'Aristippe.*

L'ambition, la vanité, la gloire,
Dans les cités font à peine un heureux
Sur cent rivaux qui, rêvant la victoire,
Vont fatiguer de leurs cris douloureux
Un ciel jaloux qui se rit de leurs vœux !
Mais, dans nos champs, des trésors qu'il déploie
Notre voisin a sa part comme nous ;
Car de l'amour, du soleil, de la joie,
Le ciel prodigue en a créé pour tous.

(*Souriant.*) Et j'en ai eu ma part !

HERMANN, *étonné et content.*

Quoi ! vous, mon père !...

LE BARON, *avec une espèce d'orgueil et de fatuité.*

Les jeunes gens croient vraiment que leurs pères sont venus au monde à soixante ans... On a été jeune... et l'on n'est peut-être pa seul à se le rappeler... Mais on s'est toujours conduit en brave et loyal gentilhomme... Vois-tu, ce n'est plus ici un père qui gronde un enfant, c'est un ami qui veut éclairer un jeune homme... Il ne faut jamais compromettre ni son avenir, ni celui de la femme qui se fie à vous... il y a dans une pareille folie du malheur et des regrets pour tous deux !... Oui, mon ami... dès ta première aventure tu as été trop loin, et cependant, comme la morale après les sottises ne sert à rien, je t'en fais grâce, pour aviser ensemble au moyen de les réparer.

HERMANN, *avec confiance et tendresse.*

Que vous êtes bon, mon père !

LE BARON, *d'un air confidentiel.*

Elle est jolie, la petite !

HERMANN, *avec confiance.*

Charmante !...

LE BARON, *à part, l'examinant.*

C'est qu'il n'est pas mal non plus... tout mon portrait.

HERMANN, *à part, avec joie.*

Quelle bonté !... je ne m'y attendais guère.

LE BARON, *haut et gaîment.*

Est-ce que tu es encore amoureux ?

HERMANN, *étonné.*

Comment?

LE BARON.

Écoute donc, il y a plus d'un mois.

HERMANN, *étonné.*

Mon père !...

LE BARON.

Il est vrai que tu es si jeune...

HERMANN.

Je n'aimerai jamais que Clémence.

LE BARON, *riant.*

Ah ! je me souviens... c'est toujours comme cela qu'on dit la première fois.

HERMANN.

Je vivrai pour elle seule.

LE BARON.

Oui dà !... Mais tu te trompes, si tu crois que j'ai fait le voyage de Paris pour entendre cela.

HERMANN.

Et que voulez-vous donc que je vous dise, mon père? c'est la vérité.

LE BARON.

Au reste, je ne te blâmerai pas de garder de bons sentimens pour cette jeune fille, et je te conseillerai même de faire quelque chose pour elle quand tu te marieras.

HERMANN, *étonné.*

Comment ?

LE BARON.

Oui, l'année prochaine, à l'époque de ton mariage avec mademoiselle de Morainville.

HERMANN, *étonné.*

Que dites-vous donc, mon père? mademoiselle de Morainville... mon mariage!... mais je suis...

LE BARON, *souriant.*

Marié ?

HERMANN.

En Angleterre!... Vous l'ignoriez?

LE BARON, *riant.*

C'est une plaisanterie.

HERMANN.

Rien n'est plus sérieux, mon père.

LE BARON, *moqueur, mais avec bonté.*

Vous êtes un enfant, Hermann.

HERMANN.

Votre cruelle sévérité m'a imposé, il est vrai, près de vous la timi-
dité d'un enfant... mais la confiance de Clémence m'a donné près
d'elle la raison d'un homme... je suis resté noble et loyal... je n'ai
pas fait ma maîtresse de la jeune fille innocente qui s'était fiée à
mon honneur, et Clémence est ma femme.

LE BARON.

Clémence?... ce nom n'est pas celui...

HERMANN, *embarrassé.*

Camille, Clémence... ces deux noms sont les siens... Oui, je le répète, Clémence est ma femme.

LE BARON, *se moquant et haussant les épaules.*

Votre femme!... Je n'ignorais pas que vous le lui aviez fait croire,
et c'est cela que je blâmais... Je la supposais votre dupe, je me trompais, à ce qu'il paraît, et c'est vous qui êtes la sienne.

HERMANN, *choqué.*

Mon père!...

LE BARON.

Mademoiselle Camille, ou Clémence Rinval, car tous ces noms-là...
petite bourgeoise sans fortune, trouverait très-bon sans doute d'être la
femme du riche et unique héritier d'une grande famille, le premier
parti de la province... c'est une bonne affaire!... excellente pour
elle... il n'y a qu'une petite difficulté... c'est que c'est impossible...
voilà tout.

HERMANN.

Impossible?...

LE BARON.

Sans doute.

HERMANN.

Mais mon mariage?...

LE BARON.

Est nul.

HERMANN.

Cela n'est pas.

LE BARON

Il sera déclaré tel.

HERMANN, *troublé.*

Cela ne peut être.

LE BARON, *d'un ton très-dur et très-sévère.*

Avez-vous donc perdu complètement l'habitude de l'obéissance et le souvenir de vos devoirs?

HERMANN, *craintif et étonné.*

Vous paraissiez si indulgent tout-à-l'heure!

LE BARON, *avec bonhomie.*

Oui, indulgent pour une sottise sans conséquence, mais non pour un tort qui vous perdrait.

HERMANN, *craintif.*

Vous vous laisserez fléchir, mon père.

LE BARON, *avec bonhomie.*

Allons donc, c'est une folie, une niaiserie. Écoute, Hermann. Tu connais mademoiselle de Morainville, une belle personne: je te la destine.

HERMANN.

Vous ne m'en aviez jamais parlé.

LE BARON.

A quoi bon? c'était arrangé avec les parens, cela suffit!... une superbe fortune, une bonne famille... on vous l'aurait dit à tous deux au moment de conclure!... Qui diable refuserait à ton âge d'épouser la plus jolie fille de la province? et quelle est la demoiselle bien élevée qui refuserait un baron de Châteauneuf? (*Avec orgueil.*) Nous ne sommes pas de ceux qu'on refuse!... Pourtant, il ne faut pas que ton escapade fasse trop de bruit là-bas... ce serait d'un mauvais effet.

HERMANN.

Mais, mon père... jamais...

LE BARON.

Pas de ces grands mots-là... Hermann, ce ne sera pas la sévérité, mais la tendresse de ton père, qui te sauvera... (*Il lui tend la main.*) Mon enfant, je t'aime!... tu es mon unique bonheur!...

HERMANN, *prenant la main de son père avec trouble, et lui disant avec effusion.*

Mon Dieu!... cette bonté, cette affection qui m'étaient inconnues, me sont si chères, si précieuses!... Ah! pourquoi pas autrefois?... J'aurais eu confiance en vous... voyez... à ces mots de tendresse, les premiers que vous m'adressez... mes yeux se remplissent de larmes... comment donc n'aurais-je pas été touché quand la douce voix d'une femme est venue charmer ma solitude?... et maintenant, irais-je abandonner celle qui m'a consolé?... ne l'exigez pas, mon père... laissez-moi vous prier...

LE BARON.

C'est à toi, Hermann, de laisser à mes soins et à mon expérience à décider de ton avenir. Si je t'abandonnais au sort que tu veux te faire, toi qui n'as pas vingt ans, qui ne possèdes rien et ne sais rien faire... tu verrais avant peu la misère qui flétrit tout, le dégoût qui suit les passions, le mépris qui s'attache aux folies, l'abandon de ta famille, se réunir pour te composer une situation dont tu rougirais bientôt toi-même, et qui ferait en même temps deux victimes.

HERMANN.

Vous ne m'abandonneriez pas, mon père !

LE BARON.

Je t'épargnerai les regrets, et je te préparerai une riche et honorable existence. Nous voyagerons d'abord quelque temps ensemble. Tout est prêt; dès que les tribunaux vont avoir prononcé... (*il tire un papier imprimé*) et d'après ceci leur arrêt ne peut être douteux...

HERMANN, *troublé*.

Quel est ce papier ?

LE BARON.

Écrit par un des premiers avocats de Paris.

HERMANN, *inquiet*.

Il renferme ?

LE BARON.

Tout ce que la raison, les faits et les lois peuvent offrir contre les mariages comme le vôtre; c'est une consultation pour les juges, et qui doit éclairer leur conscience.

HERMANN, *très-vivement*.

Mon Dieu ! c'était donc là ce que je devais craindre et ce que l'on me cachait !... une séparation ! mais c'est une épreuve !... vous voulez me punir d'avoir manqué de confiance... Ah ! si vous saviez combien votre colère m'avait effrayé quand, il y a un mois, j'allais vous avouer que j'aimais !... que mon bonheur dépendait de cet amour... Vous n'avez pas voulu m'entendre; vous m'avez repoussé, banni !... alors, désespéré, j'ai entraîné dans ma fuite celle que j'aimais !... et mon honneur m'attache à elle autant que mon amour...

Mon père, au nom du ciel, ne me forcez pas à la défendre contre vous, car je le ferais... Mon père !

On entend du bruit dans la chambre où Clémence est entrée.

CLÉMENCE, *dans la chambre.*

Venez, ma bonne madame Durand.

HERMANN, *effrayé, fait un mouvement très-vif et se place entre la porte et le baron.*

C'est elle !... écoutez-moi.

LE BARON, *étonné du mouvement d'Hermann.*

Qu'y a-t-il donc ?

HERMANN, *avec effroi.*

J'ai entendu sa voix, mon père.

LE BARON.

De qui ?... quelle voix ?

HERMANN, *de même.*

De Clémence !... si elle venait...

LE BARON, *déployant et montrant le papier.*

Elle apprendrait... (*S'apprêtant à lire.*) Je lirais...

HERMANN, *se jetant vivement sur le papier et le mettant dans sa poche.*

Ah ! pas devant elle, grand Dieu !

CLÉMENCE, *de sa chambre.*

Hermann, es-tu là ?

HERMANN, *tout effaré, près de la porte.*

Oui, j'y vais, attends-moi. (*A son père.*) Laissez-moi lui cacher votre rigueur.

LE BARON.

Ne faut-il pas qu'elle sache que si vous êtes un enfant ignorant des lois et insouciant de vos intérêts, qu'on a pu entraîner sans peine... votre père... vient vous arracher à une situation...

HERMANN, *très-vivement.*

Épargnez-lui cette affreuse douleur !... Vous reviendrez de vos préventions, mon père... alors vous comprendrez...

CLÉMENCE, *de la chambre.*

Que fais-tu donc ?

HERMANN.

Me voici, Clémence... O mon père !... je reviens, et vous vous laisserez fléchir par mes prières.

Il sort.

SCENE VII.

LE BARON, *seul.*

Diable! il est, encore bien amoureux, et ce sera plus difficile que je ne croyais... Mais en voilà assez près de lui pour aujourd'hui... éloignons-nous, et n'attendons pas les prières, les larmes...

Au moment où le Baron va pour sortir par la porte du fond, Duvernay entre, et ils se trouvent face à face.

SCENE VIII.

LE BARON, DUVERNAY.

DUVERNAY.

Vous ici, baron ? vous les avez prévenus.

LE BARON.

Bonjour, Duvernay, je ne puis m'arrêter... au revoir.

Il veut sortir.

DUVERNAY.

Est-ce qu'Hermann est sorti ?

LE BARON.

Non... je l'ai vu... je viens de lui parler... et je vais...

Il veut sortir.

DUVERNAY, *le retenant.*

Quelle diable d'affaire si importante vous occupe donc? Vous allez chez des avocats ; on vous voit au palais, et l'on vous prendrait pour un procureur; vous, le baron de Châteauneuf; vous, si bon compagnon d'ordinaire avec vos amis! vous me fuyez depuis deux jours!

LE BARON.

Je ne puis m'arrêter...

DUVERNAY.

Mais il n'y aura donc pas une réunion, un dîner... à l'occasion du mariage?

LE BARON , *brusquement.*

Il n'y a pas de mariage...

DUVERNAY.

Pas de noce?... quoi! votre charmante belle-fille...

LE BARON , *de même.*

Je n'ai pas de belle-fille.

DUVERNAY, *stupéfait.*

Comment?

LE BARON.

C'est comme je vous le dis, et je vous salue.

DUVERNAY, *le retenant.*

Ah çà! qu'est-ce que cela signifie? je ne vous reconnais plus... De l'humeur!... est-ce que vous êtes déjà en dispute avec eux? avec le jeune ménage?

LE BARON.

Je vous répète qu'il n'y a pas de jeune ménage... que mon fils n'est pas marié!... qu'ainsi, je n'ai pas de belle-fille... mais que je ne puis causer ici avec vous; car j'ai tant d'affaires, mon cher Duvernay, que je n'ai seulement pas eu, depuis que je suis à Paris, le temps de faire un bon dîner... voilà où en est votre ami... plaignez-le, et ne l'accusez pas.

Il sort malgré Duvernay, qui cherche à le retenir.

SCÈNE IX.

DUVERNAY, *seul, riant.*

Pas de mariage!... Ah! ah! ah! Je ne m'étonne plus de son air embarrassé... ce matin; ce cher Hermann!... C'est qu'elle est très-jolie la petite... ah!... ah!... il n'est pas maladroit pour un débutant... Mais c'est le baron... lui, si sévère, si rude envers son fils... qui le tenait comme une demoiselle...Ah!... nous autres, qui savons les choses de la vie, on ne nous attrape pas... Quand je dis qu'on ne nous attrape pas... il me semble que ce matin ils se sont joliment moqués de moi avec leur mariage... Et moi qui donnais là-dedans... avec mes respects, mes offres de services, de présentation! (*Il rit.*) Ah! ah! ah!... à mon tour, à présent...

SCÈNE X.

DUVERNAY, HERMANN, CLÉMENCE.

Ils entrent tous deux en parlant.

CLÉMENCE.

J'entrerai, Hermann... ton trouble, tes craintes... il y a quelque chose, j'en suis sûre. (*Elle tient un chapeau et une mantille ou schall, qu'elle dépose sur un fauteuil en entrant, et fait un mouvement en voyant Duvernay.*) Ah!...

HERMANN, *surpris, mais rassuré.*

Duvernay !

DUVERNAY.

Qu'y a-t-il donc ?

HERMANN, *regarde autour de la chambre, puis dit à part.*

Il n'est plus là! c'est singulier, mais c'est heureux.

CLÉMENCE, *riant.*

Je ne comprends rien au trouble d'Hermann.

DUVERNAY.

Vous êtes étonné de me revoir encore aujourd'hui... mais on est si empressé de chercher à être agréable à madame !

CLÉMENCE, *allant s'asseoir sur la causeuse.*

Il avait une crainte de me voir entrer ici que je ne puis m'expliquer.

DUVERNAY, *qui est venu près de la causeuse.*

Ah !

Il examine Clémence, puis, Hermann, qui est distrait, et qui, après avoir regardé autour du salon, va se placer tout pensif à gauche, près d'une table, et s'assied.

HERMANN, *à part.*

Je suis encore tremblant de la peur qu'elle ne vît mon père.

DUVERNAY. *Son ton et ses manières, qui étaient très-respectueux dans la première entrevue, doivent avoir un air de galanterie sans façon.*

A mi-voix à Clémence.

Il est peut-être jaloux.

Il s'assied sur une chaise, près de la causeuse.

CLÉMENCE.

Lui !

DUVERNAY, *riant*.

Il y a tant de raisons pour qu'on lui envie son bonheur.

HERMANN, *à part*.

Il disait que ce mariage est nul... qu'il peut le rompre.

DUVERNAY, *à Clémence, à mi-voix*.

Mais où donc Hermann a-t-il découvert un pareil trésor ?

CLÉMENCE, *le regardant avec étonnement*.

Monsieur !...

DUVERNAY, *regardant Hermann, voit qu'il est plongé dans sa rêverie et ne fait plus attention à lui, il prend un ton galant*.

En sent-il bien tout le prix ? lui, qui est là... distrait... oubliant même votre présence ?

CLÉMENCE, *regardant Hermann*.

Mais, oui... qu'a-t-il donc ?

DUVERNAY, *qui est entre elle et Hermann, et l'empêche d'aller à lui à un mouvement qu'il fait*.

Inquiet... préoccupé !... déjà, quand il ne devrait avoir qu'une seule pensée... (*avec une galanterie très-prononcée*) quand un autre à sa place ne sentirait que de la joie... Après cela... un jeune homme dans une situation comme la sienne...

CLÉMENCE, *regardant Duvernay avec inquiétude*.

Vous savez donc ce qui l'inquiète ?

DUVERNAY.

Sans doute... sa dépendance... la crainte de son père...

CLÉMENCE.

Elle ne l'avait jamais troublé ainsi.

Ici, Hermann tire furtivement le papier qu'il a arraché à son père et cherche à le parcourir sans qu'on le voie.

HERMANN, *à part*.

Ceci peut m'apprendre ce qu'il y aurait à faire.

DUVERNAY, *à mi-voix à Clémence*.

La faiblesse de son caractère et la sévérité de son père vous jetteront dans une situation difficile...

CLÉMENCE, *le regardant avec étonnement*.

Comment ?

DUVERNAY.

Votre âge, votre beauté... ces grâces charmantes inspirent un si grand intérêt...

CLÉMENCE.

Que puis-je craindre près de mon mari?

DUVERNAY, *souriant.*

Votre mari... allons donc!... plus de mystère avec moi... je ne suis pas un censeur bien sévère... d'ailleurs, je sais tout.

CLÉMENCE, *l'examinant avec inquiétude.*

Et que savez-vous? Ce sourire moqueur... ces regards... Mais vous m'inquiétez aussi... Il y a dans votre langage et dans vos manières quelque chose d'étrange, qui n'existait pas ce matin, et qui m'effraie!... Qu'y a-t-il donc?

DUVERNAY.

Ici, à l'instant même, le baron vient de tout m'apprendre.

CLÉMENCE, *avec un mouvement très-vif et à mi-voix.*

Le baron ici? lui?

DUVERNAY.

Sans doute.

CLÉMENCE, *très-émue.*

Ah! c'est cela qu'Hermann me cachait... Mais qu'a-t-il dit? que vous a-t-il appris?

DUVERNAY.

Quel trouble!...

CLÉMENCE, *avec curiosité.*

Parlez, je vous en supplie... Que disait-il?

DUVERNAY.

Eh bien! que votre mariage n'est pas vrai, que vous n'êtes pas sa femme.

CLÉMENCE, *avec un cri.*

Ah! Hermann!... (*Elle traverse vivement le théâtre et va se placer près d'Hermann comme sous sa protection.*) Je suis ta femme, n'est-ce pas? devant Dieu et devant les hommes.

HERMANN.

Que dis-tu?

Il se lève et le papier tombe à leurs pieds.

CLÉMENCE, *vivement.*

Ton père est venu ici, tu me l'as caché; il dit que je ne suis pas sa fille, que tu n'es pas mon mari... Mais il se trompe, n'est-il pas vrai?... rien ne peut nous séparer... Parle donc, Hermann... je t'en supplie.

HERMANN.

Oh! non, rien ne nous séparera, ma Clémence.

DUVERNAY, *à part.*

L'a-t-il trompée?

HERMANN.

Duvernay, mon père est irrité, et vous aura fait partager une er-
reur... mais par vous et par tous, Clémence doit être respectée pour
elle-même, et pour le nom qu'elle a droit-de porter.

DUVERNAY.

Pardon, si des mots indiscrets vous ont affligés, et comptez sur
mon évouement... (*A part, en s'en allant.*) Il faudra bien que je
sache la vérité. (*Haut, saluant.*) Madame, recevez mes excuses... Au
revoir, Herman.

SCENE XI.

HERMANE, CLÉMENCE.

CLÉMENCE.

Tu es pâle et tremblant!... Mon Dieu! que s'est-il passé entre ton
père et toi? quels reproches, quelles menaces t'a-t-il fait entendre?
(*Il hésite à répondre.*) Ne faut-il pas que je sache tout?

HERMANN.

Nous l'apaiserons, du courage!...

CLÉMENCE.

Du courage!... Il est donc question de grands malheurs!... Oui,
là, tout-à-l'heure, ton trouble!... (*elle regarde autour d'elle*) tes distractions... tu lisais un papier!... il renferme peut-être... (*Elle l'a-
perçoit.*) Le voilà! (*Elle se baisse et le prend malgré Hermann.*) Ce
que tu ne veux pas m'apprendre, j'en suis sûre, est ici.

HERMANN, *ayant l'air de se décider.*

Écoute, Clémence... il faut que tu saches tout... Oui! on peut
casser aisément, à ce qu'il paraît, un mariage comme le nôtre..
mais on peut aussi le défendre!... J'ai choisi un avocat qui fera valoir les droits de la justice et de notre amour.

CLÉMENCE, *qui a jeté les yeux sur la première page, dit haut et comme relisant à moitié.*

« Mémoire. Mariages sans consentement de parens, ou à l'étranger,
» déclarés nuls, brisés. »

Elle se jette en pleurant dans les bras d'Hermann.

HERMANN, *la pressant sur son cœur.*

Ma Clémence !...

CLÉMENCE, *se remettant à regarder le papier.*

C'est ton père qui t'a remis cela ; il veut casser notre mariage...
cet écrit prouve que c'est possible... facile même... (*Elle regarde,
voit qu'il y a plusieurs pages, les retourne, regarde à la fin, et s'y reprend à deux fois pour bien s'assurer de ce qu'elle voit, puis elle jette
un cri.*) Ah ! quel nom !... lui ?... avoir dicté cet écrit contre moi...
contre sa fille !...

HERMANN.

De qui parles-tu ?

CLÉMENCE.

Regarde le nom qui est au bas de ce mémoire... le nom de l'avocat qui l'a écrit... vois : « Louis Rambert. »

HERMANN.

Est-il possible ?

CLÉMENCE, *désolée.*

C'est lui que ton père a consulté... et, sans le savoir, il a condamné
lui-même sa fille.

HERMANN.

Son père !... Ah ! c'est peut-être un espoir pour nous !...

CLÉMENCE.

Un espoir !... (*Avec un mouvement de joie.*) Oui, tu as raison, Hermann... le choix de mon père par le tien... la confiance de l'un et le
talent de l'autre nous sauveront...

AIR *de Téniers.*

Du ciel la bonté protectrice
Vers mon père a conduit le tien ;
La noble voix, qui flétrit l'injustice
Est mon refuge et sera mon soutien !
Oui, j'entrevois un avenir prospère,
Quand je souffrais d'un cruel abandon,
En lisant là le nom sacré d'un père,
Je crois y lire : Espérance et pardon !

(*Elle va à l'endroit où elle a déposé son schall et son chapeau.*) Mais pas une minute de retard... (*Elle met son chapeau.*) Ma bonne madame Durand... (*celle-ci paraît à la porte de la chambre*) venez, venez chez mon père.

Elle prend la main de Mme Durand, qui hésite.

Mme DURAND.

Attendez, mon enfant.

CLÉMENCE.

Non, non, plus de retard... Venez, je vous entraîne ; le temps va sembler long à Hermann, et j'ai besoin de lui apporter bientôt d'heureuses nouvelles.

Elles sortent par le fond.

FIN DU PREMIER ACTE.

ACTE DEUXIÈME.

Le théâtre représente le cabinet d'un avocat. Porte au fond, portes latérales : au fond à droite, une petite table sur laquelle écrit un secrétaire ; de l'autre, un peu dans le fond, un grand bureau devant lequel travaillent deux jeunes gens.

SCÈNE PREMIÈRE.

DUVERNAY, RAMBERT, LE SECRÉTAIRE. *Deux personnages muets.*

Au lever du rideau, Rambert est assis au premier plan, à droite, près d'un petit guéridon. Duvernay est assis auprès de lui.

DUVERNAY, *se levant.*

Vous êtes donc bien décidé, mon cher Rambert?...

RAMBERT.

Oui, je vous l'ai dit... je refuse...

DUVERNAY.

Refuser de plaider pour un ancien ami ?... Une cause qui ajouterait encore à votre réputation déjà si belle, et serait très-utile à votre fortune, que vous négligez trop!... Je ne vous comprends pas!...

RAMBERT.

Pour me charger d'une cause, j'ai besoin de la croire juste et bonne...

DUVERNAY.

Et vous croyez que la mienne ne l'est pas?...

RAMBERT.

J'en ai peur.

DUVERNAY.

Comment! ces coquins de créanciers que j'élève à la dignité d'actionnaires ne sont pas encore contens!... ils me demandent de l'argent !...

RAMBERT.

Je crains qu'ils n'aient raison.

DUVERNAY.

Pardieu ! si j'en avais... je le leur donnerais !... mais je n'en ai pas, et je plaiderai !... Ah ! si vous vouliez !

RAMBERT.

Pour persuader les juges, il faut être le premier persuadé... Quand je parle, mon ami, la vérité seule me donne de la force, et ma conviction est toute ma puissance.

DUVERNAY.

Oh ! il ne manquera pas d'avocats au palais qui ne seront pas si difficiles.

RAMBERT.

C'est probable.

DUVERNAY.

Mon amitié et votre grand talent m'avaient d'abord fait venir à vous.

RAMBERT.

Merci, mon ami, et pardon pour mon refus.

DUVERNAY.

Ah ! vraiment, l'austérité de vos principes...

RAMBERT.

N'est qu'un devoir !... Voyez ces jeunes gens que la confiance de leurs parens envoie chercher près de moi des leçons sur cette carrière d'avocat qu'ils veulent aussi parcourir... il faut que je les instruise par mon exemple autant que par mes conseils... Un avocat... mais c'est le défenseur de la justice et de la vérité. Il doit faire admirer en lui l'homme de bien, encore plus que l'homme de talent...

DUVERNAY.

Ancienne morale, mon ami, et dont les nouvelles ambitions ne se servent plus. Une profession est à présent un chemin qui conduit à la fortune. Celle d'avocat est la première, parce qu'elle doit y mener plus vite. Quand la puissance est à celui qui parle le mieux et le plus long-temps, on voit bien des bavards, et si l'on rend compte un jour de toutes les paroles inutiles, notre époque aura terriblement à faire. Aussi, un avocat qui devient riche, député et homme d'état, a de trop nombreux intérêts à défendre pour ne pas oublier un peu ceux de la justice et de la vérité.

— 33 —

RAMBERT.

Ah! vous dites trop vrai, Duvernay, il n'y a plus guère maintenant de ces simples et dignes existences pleines de désintéressement et de travail, qui faisaient la gloire du barreau d'autrefois. Parmi nos avocats, il y avait de véritables grands hommes!..

DUVERNAY.

A présent... il y a des ministres.

RAMBERT.

Est-ce la même chose? Mais je voudrais rappeler, s'il se peut, les anciennes vertus oubliées, et les laisser empreintes au cœur de ces jeunes gens. Oh! ce n'est pas une tâche facile que la nôtre. Placés entre le tumulte des passions humaines et les organes de la justice éternelle, il faut connaître également les hommes et les lois. La vie entière y suffit à peine. Mais quel beau jour aussi que celui où l'on fait rendre justice à un accusé! où il doit à notre talent sa fortune! son honneur! sa vie! où la vérité s'est révélée par notre voix! Ah! c'est une tâche si élevée et si belle, que nul effort ne doit coûter pour s'en rendre digne. Allez, mes jeunes amis, l'heure de l'audience approche : je parlerai mieux, il me semble, si j'ai l'espoir de vous enseigner quelque chose en parlant... (*Se tournant vers Duvernay.*) C'est une cause importante que je vais plaider.

DUVERNAY.

Ah ?...

RAMBERT.

Oui... un mariage illégal qu'on doit casser aujourd'hui... Un jeune fou qui a méprisé l'autorité paternelle, trop méconnue de nos jours ! (*Aux jeunes gens.*) Allez, je ne tarderai pas non plus à me rendre au palais.

Ils sortent.

DUVERNAY.

Je vais me retirer aussi et vous laisser libre.

RAMBERT, lui prenant la main.

Vous le voyez, mon ami, je voudrais remplir tous les devoirs de ma profession, et ceux aussi que nous imposent le monde et notre famille... mais je crains parfois de me tromper. Duvernay, je me sens troublé, et j'ai aujourd'hui, par exemple, je ne sais quel triste pressentiment que je prendrais presque pour un remords.

DUVERNAY.

Si les gens comme vous avaient des remords, mon ami, ce serait aussi trop encourageant pour les coquins, qui sont déjà pas mal encouragés de notre temps ; car, soit dit entre nous, je m'étonne qu'étant les plus adroits et les plus nombreux, les fripons n'aient pas encore institué un tribunal, jugé, condamné et mis en prison tout ce qui reste d'honnêtes gens... Mais cela finira par là... vous verrez.

RAMBERT, *souriant.*

C'est possible...

DUVERNAY.

Quelque contrariété vous attriste peut-être en ce moment ?

RAMBERT.

Oui, j'ai de l'inquiétude. J'attends ma fille depuis un mois, elle n'arrive pas.

DUVERNAY.

N'est-elle pas avec sa grand'mère ?

RAMBERT.

Sans doute. J'avais consenti à la lui laisser jusqu'à sa dix-septième année, qu'elle vient enfin d'atteindre. Un voyage en Italie, des déplacemens continuels, ont nui à l'exactitude de notre correspondance depuis six mois. Elle devrait être ici. Ma fille !... c'est l'espérance de ma vie, mon ami ! Je ne suis pas de ceux qui sacrifient les douces affections du cœur aux intérêts de leur fortune et de leur gloire ; et ce fut un regret cruel que l'absence de cet enfant.

DUVERNAY.

Oh ! je me rappelle encore votre désespoir à la mort de sa mère...

RAMBERT.

Maria !... combien je l'aimais !... nulle autre ne l'a remplacée... et c'est encore mon amour pour elle qui m'a décidé à tout sacrifier au bonheur de notre enfant .. Méprisant la fortune pour moi, j'ai assuré l'avenir de ma fille et consolé la mère de Maria en lui cédant une part de mes droits ; mais j'attendais avec impatience que mon trésor me fût rendu ! Ma fille !... l'enfant de la femme que j'avais tant aimée, était le but de toute ma vie ! Ah ! plus l'esprit s'occupe de sévères et graves événemens, et plus le cœur a besoin de tendresse pour se reposer des scènes pénibles dont il est le témoin ; et la présence de ma fille sera pour moi un bonheur dont je sens à chaque moment le besoin ; aussi mon inquiétude de ce retard, de ce silence...

DUVERNAY.

On veut vous surprendre, mon ami.

RAMBERT.

Fasse le ciel qu'il en soit ainsi! (*Ici le secrétaire qui est à la table à écrire se lève et apporte à Rambert des papiers.*) Ce n'est pas tout, et je vais sortir.

Le secrétaire retourne à la table et arrange des papiers.

DUVERNAY, *regardant à sa montre.*

Ma foi... je vais aussi au palais chercher un avocat... De plus, je vous entendrai plaider, et j'aurai pour toute la journée un sujet de conversation qui me vaudra d'être écouté, interrogé... Diable! on tire parti de l'esprit de ses amis!... Quand on n'est pas en fonds, on vit d'emprunt.

RAMBERT, *souriant.*

Vous n'avez pas besoin de cela...

DUVERNAY.

Je cours au plus vite, afin d'avoir place... Au revoir.

Il sort.

SCÈNE II.

RAMBERT, LE SECRÉTAIRE.

RAMBERT.

Ce bon Duvernay!... un peu léger, mais excellent au fond; mon cœur plein de tristesse s'est épanché devant lui!... Pourtant je n'ai dit ni à lui ni à personne tous les chagrins que m'a causés le caractère de ma belle-mère. Oh! elle m'aurait fait repentir de lui avoir confié ma fille... si ma conscience ne m'avait ordonné le sacrifice que j'ai fait à son malheur... Mais je suis déjà en retard... donnez-moi vite le reste de ces papiers... (*Le secrétaire lui donne des papiers.*) Bien!...

Il va pour sortir.

Mme DURAND, *en dehors.*

Non; n'annoncez pas; il faut le surprendre.

RAMBERT, *étonné, reculant.*

Cette voix...

SCÈNE III.

CLÉMENCE, Mme DURAND, RAMBERT.

Mme DURAND, *entrant.*

Où est-il? où est-il?

RAMBERT, *très-ému.*

Je ne me trompe pas... c'est madame Durand.

Mme DURAND.

Sans doute !

Clémence entre et ôte son chapeau pendant que Rambert parle à Mme Durand.

CLÉMENCE, *bas.*

Je tremble !...

Mme DURAND, *bas.*

Du courage !...

RAMBERT, *tremblant et hésitant.*

Et une jeune fille charmante... c'est...

Mme DURAND , *poussant Clémence dans les bras de M. Rambert.*
C'est Clémence...

RAMBERT, *embrassant Clémence avec transport.*

C'est ma fille!... mon enfant!... ma Clémence!... Que je suis heureux !... (*Il la regarde.*) Jolie... grande... belle!...

Mme DURAND, *à part, pendant que Rambert contemple Clémence.*

Quelle joie pourtant de lui ramener cette jolie fille , si...

RAMBERT, *enchanté.*

Vous ne m'aviez pas écrit, madame Durand, combien ma Clémence est charmante!... vous vouliez me surprendre... Chère enfant!... c'est le portrait de sa mère quand je la vis pour la première fois!... Maria!... pourquoi n'as-tu pas vécu?... Combien elle aussi eût aimé notre enfant!...

Mme DURAND.

Quel air heureux !

RAMBERT.

Parle, ma Clémence!... tu sembles presque effrayée!... est-ce qu'on craint son père?

CLÉMENCE.

Oh ! que j'ai besoin d'indulgence et de bonté !

RAMBERT.

Timide, encore... c'est une grâce de plus... (*Allant à M*^me *Durand.*) Que ne vous dois-je pas, ma bonne madame Durand?

Mme **DURAND**, *avec embarras.*

Ne parlons pas de cela, monsieur.

LE SECRÉTAIRE, *s'approchant avec les papiers que Rambert a jetés sur la table en voyant sa fille.*

Monsieur oublie l'audience, où on l'attend sans doute.

RAMBERT, *contrarié.*

Oh! c'est vrai!... il faut nous quitter.

CLÉMENCE.

Déjà ?

RAMBERT, *joyeux.*

Quelle douce parole!... un devoir impérieux peut seul m'éloigner, et pas pour long-temps. (*Il sonne.*) Ah! il faut qu'il me soit bien impossible de rester. (*Une femme de chambre et des domestiques paraissent.*) C'est ma fille qui vient d'arriver... c'est la maîtresse de la maison maintenant. (*Montrant à Clémence une des portes latérales.*) Cet appartement est le tien... voilà Julie... une femme de chambre retenue pour toi!... tu trouveras aussi des parures préparées... Oh!... je t'attendais... tu le verras!... depuis un mois, je ne m'occupais que de ton arrivée... je commençais à être inquiet. Lorsqu'on désire vivement une chose, on redevient enfant... Ce matin, n'avais-je pas mille craintes que je prenais pour de mauvais présages?.. Quelle bonne surprise!... Que je t'embrasse encore, mon enfant!... A bientôt!... à tout-à-l'heure!... Sais-tu que grâce à toi j'arriverai trop tard au palais pour la première fois? (*Au moment de sortir il dit à M*^me *Durand :*) Adieu!... adieu! ma fille!...

Il lui tend une main que Clémence embrasse, puis il sort; le Secrétaire le suit.

SCÈNE IV.

Mme DURAND, CLÉMENCE.

Mme DURAND.

Vous avais-je trompée?... N'est-ce pas un bon père que le vôtre?

CLÉMENCE.

Cette parfaite bonté m'embarrasse plus que n'eût fait un accueil sévère.

AIR de *l'Aveu d'une femme* (Amédée de Beauplan).

PREMIER COUPLET.

Devant lui j'ai senti mon cœur
Battre d'une joie inconnue;
Le respect me trouble à sa vue, (*bis*)
Mais ce trouble est plein de bonheur.

DEUXIÈME COUPLET.

Lorsque sa voix avec douceur
M'a révélé le cœur d'un père,
Moi, j'ai tremblé de lui déplaire, (*bis*)
Mais cette crainte est du bonheur.

Ma bonne amie, vous m'aiderez dans l'aveu qu'il faut faire à mon père... tout-à-l'heure il m'eût été impossible, et cependant il ne faut pas tarder... Si vous saviez...

Mme DURAND.

Quoi donc?

CLÉMENCE.

Aujourd'hui même...

Mme DURAND.

Tout doit lui être confié... c'est mon avis aussi.

CLÉMENCE, *à part, à elle-même, avec un soupir.*

Elle ignore mon plus grand sujet d'inquiétude.

Mme DURAND.

Que dira-t-il?

CLÉMENCE, *soupirant.*

Il ne se doute guère que je suis mariée.

Mme DURAND.

Mariée!... ce mot-là me fait frissonner !

CLÉMENCE.

Les choses maintenant m'apparaissent sous un aspect nouveau...
un sentiment de respect pour mon père , de défiance de moi-même,
de regret du passé, de crainte pour l'avenir.....

Mme DURAND.

Pourquoi donc ce découragement?... Eh bien ! après tout... un
superbe mariage, un jeune homme qui aura quatre-vingt mille livres
de rentes et un château magnifique.

CLÉMENCE.

Je n'ai jamais pensé à cela.

Mme DURAND.

Vraiment?

CLÉMENCE.

Oh ! jamais.

Mme DURAND.

C'est pourtant très-agréable d'y penser... L'amour s'en va parfois, et les châteaux restent!

CLÉMENCE, *troublée.*

On vient... c'est lui !... il faut parler.

SCÈNE V.

DUVERNAY, CLÉMENCE, Mme DURAND.

CLÉMENCE.

Monsieur Duvernay!

DUVERNAY.

Vous ici, madame, en solliciteuse !

Mme DURAND, *bas à Clémence.*

Quel est ce monsieur ?

CLÉMENCE, *bas à Mme Durand.*

Un ami d'Hermann, qu'il m'a présenté ce matin, et qui ne sait pas
que je suis ici chez mon père.

DUVERNAY.

Je viens du palais, où Rambert parle avec son éloquence forte et entraînante ; mais le monde s'est entassé de telle sorte, que moi, qui fais peu de cas des plaisirs où l'on risque sa vie, je n'ai pas seulement essayé de pénétrer, et je n'ai rien entendu .. A Paris, l'on est seul, ou la foule vous étouffe.

CLÉMENCE, à Mme Durand.

Retirons-nous.

DUVERNAY.

Rambert ne tardera pas à revenir, sans doute.

Mme DURAND.

Nous allons l'attendre dans la pièce voisine.

DUVERNAY, à Clémence avec galanterie.

Pourquoi pas ici? Savez-vous que Rambert est bien heureux de recevoir de pareilles visites, et que...

CLÉMENCE, avec dignité.

Monsieur, permettez que je vous quitte et que j'aie l'honneur de vous saluer.

Elle sort avec Mme Durand et entre dans la chambre à gauche.

SCENE VI.

DUVERNAY, seul.

On dirait une grande dame d'autrefois, et pourtant, ce n'est ici qu'une solliciteuse... car je sais tout; Rambert est l'avocat du baron, pour faire casser le mariage de son fils... Elle vient pour tâcher de le séduire, lui! Bah! peine perdue... J'aurais dû me faire avocat, moi, c'était ma vocation; j'aime à me mêler des affaires des autres... pour leur bien !... Ainsi je reviens parler encore à Rambert de l'affaire que je lui proposais ce matin, et j'ai des raisons excellentes à lui donner... mais il me déconcerte avec son austérité, je ne trouve plus rien à lui dire... Si j'écrivais? C'est bien pensé... je vais noter toutes mes bonnes raisons, que j'oublierais quand il serait là avec son air sévère.

Il se met à écrire à la table où était le secrétaire.

SCÈNE VII.

DUVERNAY, *dans le fond écrivant;* **LE BARON**, **RAMBERT.**

LE BARON, *sans voir Duvernay,* à Rambert.

La réplique a été vive.

RAMBERT, *de même.*

Maître Bénard est un homme de talent.

DUVERNAY, *à part.*

Ils parlent du procès... laissons-les, et écrivons.

LE BARON.

Il plaide bien !... s'il gagnait ?

RAMBERT.

J'ai des raisons victorieuses à opposer aux siennes et tout-à-l'heure mes réponses confondront ses argumens.

LE BARON.

La loi est pour moi... pour mes droits paternels.

RAMBERT.

Sans doute.

LE BARON.

Cette fille pauvre, Mlle Camille Rinval a voulu devenir riche; bourgeoise, elle a voulu devenir noble... c'était un projet arrêté d'avance... j'en suis sûr... On loue une petite maison tout près de ma terre de Châteauneuf... on ne voit personne que mon fils, et il y a tant de facilité pour s'emparer de l'esprit d'un homme qui n'a pas vingt ans, et qui est amoureux pour la première fois !

RAMBERT.

Je comprens toutes vos inquiétudes... mais permettez.

Il a l'air de regarder autour de lui et de vouloir quitter ou interrompre le baron, qui, tout à son affaire, ne lui laisse pas le temps.

LE BARON, *l'interrompant.*

Notre fortune, jadis immense... dérangée par les révolutions, ne s'est un peu relevée de sa ruine que par trente ans d'économie. J'ai vécu de privations, loin de Paris, pour racheter petit à petit l'héritage de nos aïeux qui porte leur nom... et j'ai conclu pour ce fils un

mariage qui doit redonner à notre famille son illustration et sa ri-
chesse.

RAMBERT, *avec un peu d'inquiétude.*

Je vous le répète, monsieur le baron, c'est de conviction que je
défends vos droits... je devine... tout le cœur d'un père... et votre
fils...

LE BARON, *l'interrompant.*

Ce fils, monsieur... il est mon unique enfant... mais, en vérité, je
ne sais si je n'aimerais pas autant le perdre que de le voir faire un
mariage indigne de notre nom.

RAMBERT, *regardant la porte de la chambre de Clémence ; mais aux
paroles du baron, il fait un mouvement et dit vivement :*

D... e qui touche à l'honneur, bien... mais non pas aux préjugés,
je pense.

LE BARON.

Ma foi, monsieur, que vous dirai-je ?

AIR : *J'en guette un petit de mon âge.*

Moi, je suis la ligne commune ;
Quand on est bien, pourquoi chercher le mieux ?
Nom, préjugés, principes et fortune,
Tout m'est transmis par mes nobles aïeux ;
Et, sans façon je l'avoue, il me semble
Qu'ayant reçu tout à la fois,
J'aurais grand tort de faire un choix ;
Aussi je garde tout ensemble.

Que voulez-vous? je vis dans mes terres, et, pour faire la chasse aux
chevreuils de mes bois, bien dîner avec quelques vieux amis, nobles
de cœur et de race, je n'ai pas besoin de toutes les balivernes qu'on
répète en France, depuis cinquante ans, sur l'égalité... Mes voisins
m'estiment, mes gens me respectent, les paysans qui font valoir mes
terres sont heureux... je me crois un honnête homme, car je ne fis
jamais tort à personne, cela me suffit... Ne parlons donc pas de ces
choses-là, mais de ce jugement.

RAMBERT.

Qui sera favorable, par les raisons qui me restent à donner aux
juges pour les décider. Mais pardonnez, monsieur le baron, si je
profite de ce que l'audience est suspendue pour deux heures, et si je
suis rentré un instant chez moi... Je suis père aussi... père d'une fille
charmante, que je n'avais pas vue depuis son enfance... Elle vient
d'arriver au moment même où j'allais sortir pour plaider, et c'est à

peine si j'ai pu l'embrasser. Permettez que je la revoie une minute
seulement, et je suis tout à vous.

LE BARON.

Oh ! je serais désolé de vous ôter un tel plaisir, et je vous quitte.

RAMBERT, *allant vers la chambre de Clémence, se retourne, et voit Duvernay.*

Vous étiez là?...

LE BARON, *l'apercevant aussi, en riant.*

C'est l'ami Duvernay.

DUVERNAY, *se levant et tenant un papier.*

Et qui n'a pas fait l'indiscrétion de vous écouter... car j'étais ab-
sorbé dans la composition de cette pièce d'éloquence destinée à Rambert pour le décider à se charger d'une cause...

RAMBERT, *riant.*

Bien incertaine, puisque vous ne vous confiez pas au bon droit.

DUVERNAY, *riant.*

Le bon droit est comme la vérité... un peu de parure ne lui nuit
pas...

LE BARON.

Je vous quitte, monsieur Rambert ; dans une heure je viendrai
vous reprendre... (*Au moment où le baron est près de sortir par la
porte du fond , et où Rambert se dirige vers l'appartement de sa fille ,
le Baron fait un pas pour rester, et dit à Rambert.*) Savez-vous que
cette petite intrigante qui a séduit mon fils se fie à sa beauté
pour séduire aussi les juges... qu'elle les a vus, dit-on, ce matin?...
Oh !... elle serait bien capable de se présenter de même chez
vous...

RAMBERT.

Elle n'y serait pas admise.

LE BARON.

Oh!... je sais que monsieur Rambert est du petit nombre des
hommes incorruptibles!... Mais je me reproche de vous retenir
ainsi... quand vous êtes attendu par le plus doux plaisir... La joie
d'un père... retrouvant un enfant digne de sa tendresse... Dans deux
heures!...

RAMBERT, *le reconduisant.*

Dans deux heures!...

Le Baron sort.

SCÈNE VIII.

RAMBERT, DUVERNAY.

DUVERNAY, *arrêtant Rambert au moment où celui-ci se dirige vers la chambre où sont Clémence et madame Durand.*

Comme c'est heureux qu'il soit sorti et qu'il n'ait pas su qu'elle est là...

RAMBERT, *étonné.*

Comment, là ?... Qui ?...

DUVERNAY.

La femme d'Hermann de Châteauneuf...

RAMBERT.

Elle, ici ?... Êtes-vous fou ?

DUVERNAY.

Quand j'ai quitté l'audience, où vous nous faites étouffer par la foule... je suis venu ici vous attendre, et dans votre cabinet il y avait bien la plus jolie solliciteuse... jeune !... charmante... gracieuse !... je l'ai fait fuir sans le vouloir, et elle vous attend sûrement là...

RAMBERT, *riant.*

Ah !.. ah !... Une solliciteuse... une jolie femme... Je devine.. Oui, oui, elle m'attend, mon ami... et moi, je n'ai rien de plus pressé et de plus doux que de la voir.

DUVERNAY, *étonné.*

Quoi ?...

RAMBERT, *avec un sentiment d'orgueil et de joie.*

Eh bien !... vous ne devinez pas !... Duvernay, qu'est-ce que je vous disais ce matin ?... Le temps est venu des plaisirs paisibles, des simples joies du cœur... Je les espère toutes de ma fille... de cette chère enfant dont l'absence m'inquiétait... Elle est arrivée... elle est là !... c'est elle que vous avez vue...

DUVERNAY, *étonné.*

Vous vous trompez...

RAMBERT.

Je ne me trompe pas... ma fille est avec moi... Ah !... tous les avantages que je dois à mon travail, à ma réputation... elle en jouira,

et c'est là mon bonheur... (*Allant à la porte où est entrée Clémence.*)
Clémence !...

DUVERNAY, *étonné.*

Clémence! Le même nom !... Je n'y comprends rien !

RAMBERT.

Viens, mon enfant ; je n'ai que peu d'instans encore à passer avec
toi...

DUVERNAY.

Je suis pourtant sûr...

RAMBERT, *revenant à Duvernay.*

Vous allez la voir, mon ami !.. Ah! je suis bien heureux !

SCÈNE IX.

CLÉMENCE, RAMBERT, DUVERNAY.

CLÉMENCE, *surprise en voyant Duvernay.*

Me voici, mon père !... Ciel !... monsieur Duvernay !...

RAMBERT, *troublé.*

D'où vient cette surprise?...

DUVERNAY.

Je ne m'étais pas trompé,.. c'est elle...

CLÉMENCE, *à part.*

O mon Dieu !...

RAMBERT.

Elle ?... Qui ?...

DUVERNAY.

La femme d'Hermann de Châteauneuf.

RAMBERT, *presque égaré, regarde Duvernay, puis Clémence, en disant:*
Que voulez-vous dire? Je ne comprends pas... (*Clémence se jette
à genoux.*) A genoux !..

CLÉMENCE, *toujours à genoux.*

Oui, mon père, imprudente et coupable, j'ai disposé de mon sort...
Je suis la femme... d'Hermann...

RAMBERT, *avec angoisse.*

O mon Dieu !...

Il va tomber sur la chaise près du guéridon, à droite.

DUVERNAY, *à part, remontant au fond.*

Pauvre ami !...

Il sort en le regardant.

SCENE X.

CLÉMENCE, RAMBERT.

CLÉMENCE, *toujours à genoux, tendant des mains suppliantes.*
Pardonnez, mon père...

RAMBERT.
Je n'ai plus de fille !... Quoi ! cette femme si jeune est déjà perdue !... Cette femme qui enlève un fils à son père... qui vient, sous
un nom supposé, disputer une fortune, un titre qui ne lui appartiennent pas... c'était... Oh !... non !... non !... je n'ai plus de fille !
Retirez-vous, madame, retirez-vous !...

Il se cache le visage et pleure.

CLÉMENCE, *se relevant, et se tenant loin de son père.*
Vous n'avez plus de fille, monsieur !.. et moi, je n'aurai donc jamais eu de père que pour me punir et me repousser ?

RAMBERT, *à lui-même et sans l'écouter.*
Comment cela s'est-il fait ?... comment était-elle là... quand je
la croyais en Italie ?... Comment à son âge est-elle arrivée à ce der-
nier degré de malheur et de honte ?.. Comment l'a-t-elle vu ?... L'a-
t-elle séduit... entraîné ?,..

CLÉMENCE.
Mais je n'ai ni séduit ni entraîné personne... je suis une pauvre
enfant qui ne sais rien... que nulle caresse ne chercha, et que la tendresse d'une mère ne pouvait instruire et protéger... Hermann était
comme moi, nous pleurions tous les deux... et nous nous sommes
!... voilà tout...

RAMBERT.
Hélas !...

CLÉMENCE.
Avant de me retirer... de quitter pour jamais le toit paternel, qui
ne m'aura reçuqu'un instant, voudrez-vo us m'écouter ?..

RAMBERT.
Que direz-vous ?

CLÉMENCE.

Je ne vous tromperai pas. Oui, vous saurez la vérité toute entière,
celle de mes actions, celle de mes pensées.

RAMBERT, *avec un mouvement de colère.*

Je ne veux rien e tendre. (*Clémence fait quelques pas pour s'en
aller, il se reprend sans colère, mais avec une profonde douleur.*) Mais
parlez donc !

CLÉMENCE.

Il y a quelques mois, ma grand'mère quitta brusquement les eaux,
changea de nom et vint se cacher avec moi dans une retraite isolée,
au fond de la Bretagne. Aujourd'hui seulement j'ai su que c'était
pour m'enlever à un père qui m'aimait. Jusque là, elle n'avait rien
voulu m'apprendre... ni de lui, ni du passé, ni de l'avenir... Ses
idées bizarres m'effrayaient souvent. Sa conduite et ses paroles sin-
gulières me chagrinaient toujours. Vous ne le saviez pas sans doute,
monsieur... mais j'étais une enfant bien malheureuse.

RAMBERT.

O mon Dieu !

CLÉMENCE.

J'eus un peu plus de liberté dans l'asile qu'elle venait de choisir.
Nous habitions une petite maison près d'un beau château... mais nous
ne voyions personne... j'ignorais quels étaient nos voisins. Pendant
quelque temps même ils furent absens, et j'étais toujours seule ; ma
grand'mère, malade, ne sortait pas de sa chambre, et me laissait une
liberté qui lui semblait sans danger dans ce lieu sauvage. Chaque
jour j'allais m'asseoir sur une colline solitaire, d'où l'on découvrait
un immense horizon. Il y a quatre mois, ce désert s'anima, il eut
pour moi des joies et des beautés inconnues. C'est qu'un jour Hermann m'avait rencontrée, et qu'assis à mes côtés, il disait aussi : «Que
c'est beau ! »

RAMBERT, *avec douleur.*

Il y a eu de la fatalité dans tout cela !

CLÉMENCE.

Nos jours s'écoulèrent ainsi pleins d'innocence. Mon père, je l'atteste ! Nous arrivions à la même heure sans en être convenus... nous
lisions ensemble quelque livre parlant de poésie et d'amour... ou, si
lencieux, nous tenant par la main, nous écoutions nos cœurs, qui
parlaient mieux que lui, et le soir nous nous séparions tristement

pour revenir joyeux le lendemain. Deux mois passèrent ainsi comme un seul jour de bonheur!

RAMBERT, *avec douleur.*

Non! je n'aurais jamais dû la quitter!

CLÉMENCE.

Puis, un matin, ma chambre fut fermée, il fallut rester seule entre ces tristes murs. Les heures, les jours se succédèrent, et je fus privée du beau ciel, de mes fleurs aimées et de la liberté! bien plus, de celui que je préférais à tout cela... J'appris que je ne le reverrais jamais. Ce que je souffris, je ne puis le dire, mon cœur comprimé ne respirait plus... c'était un mal sans nom qui m'aurait tuée, j'en suis sûre!

RAMBERT, *de même.*

Ah! si elle avait eu sa mère!

CLÉMENCE.

Après deux semaines passées ainsi seule et enfermée, je sentis que ma raison ou ma vie allait me quitter tout-à-fait, et je voulus revoir encore l'endroit où Hermann m'avait dit : « Je vous aime. » Un seul étage séparait ma fenêtre du jardin...

RAMBERT, *fait un mouvement.*

Ciel!

CLÉMENCE.

Mes forces suffirent à peine au trajet jusqu'à la montagne... et quand je n'y portais que l'espoir d'y mourir, j'entendis une voix connue qui s'écriait avec transport: «Je savais bien qu'elle reviendrait...» Et les bras d'Hermann me recueillirent heureuse, mourantes et lui disant adieu... « Nous ne nous quitterons plus! »fut sa seule réponse!... Une heure après, une voiture entraînait ensemble ceux qui seraient morts séparés. Un mois plus tard, j'étais sa femme! Ah! si j'avais eu un jour de réflexion, si j'avais eu seulement l'espoir d'une vie plus heureuse, et surtout si j'avais su qu'un bon père m'attendait, peut-être ne serais-je point partie... Mais nous étions malheureux tous deux... élevés durement dans la solitude, ignorans des choses de ce monde, imprudens et pleins de confiance... Puis je l'aimais tant... Oui, j'aimais Hermann, jeune, loyal et bon... J'ai appris depuis qu'il était noble et riche... mais quand je l'ai aimé je ne le savais pas.

RAMBERT.

Malheureuse enfant!

CLÉMENCE.

Voilà tout ce que j'avais à dire à mon père et à mon juge.

Elle va pour s'éloigner : Rambert se lève et va se placer devant elle.

RAMBERT.

Et moi, que dirai-je?... qu'il y a huit jours, au moment où je sentais une joie infinie à l'idée de revoir ma fille bien aimée, où je m'occupais d'elle, de son bonheur... qu'alors un homme âgé et respectable vint à moi sous le poids d'une profonde douleur : « Monsieur, dit-il, j'ai un fils unique, objet de toutes mes affections, et seul espoir de notre famille... Ce fils, n'écoutant qu'un fol amour de jeune homme, dont il se lassera bientôt, a bravé l'autorité paternelle, s'est soustrait à tous ses devoirs, et veut briser toutes les affections, les projets et les espérances dont il fut vingt ans l'objet. Une jeune fille, pauvre et jolie, profitant de son âge pour s'emparer de son esprit, l'enlève à son père et à sa famille. Vous, monsieur, a-t-il ajouté, dont le caractère inspire la confiance, et qui pouvez défendre avec succès des droits sacrés, rendez-moi mon enfant » Et c'est les larmes aux yeux, en pressant mes mains avec prières, qu'il répétait : » C'est affreux pourtant d'être obligé de demander à la loi ce qu'on devait attendre du cœur d'un fils.» Et moi, moi, qui étais père et qui chérissais ma fille, je comprenais sa douleur... je la partageais; et cependant je ne devinais pas, je ne pouvais pas deviner alors tout ce qu'un père peut souffrir par son enfant.

CLÉMENCE.

Son enfant!... Oui, je suis coupable! D'aujourd'hui seulement... je connais le cœur de mon père et mes torts envers lui... mais je suis encore votre enfant... vous aurez pitié de cette pauvre femme qu'on voudrait arracher à son mari.

RAMBERT, *avec douleur.*

Son mari!... il ne l'est pas!... Ne l'ai-je pas prouvé devant les juges ?

CLÉMENCE.

Je l'atteste, mon père, c'est librement et par sa seule volonté qu'Hermann m'a donné et son nom et sa main.

RAMBERT, *de même.*

Oh! je le crois... et cependant cette volonté est sans force aux yeux de la loi. J'ai détruit moi même, tout-à-l'heure, ce qu'on invoquait pour la défendre... J'ai dit... j'ai montré qu'il n'avait pu disposer ni de son nom ni de sa main... et il y a quelque chose de plus affreux encore! c'est à moi de le répéter, de chercher de nouvelles raisons pour les convaincre. Enfin, il faut que je demande et que j'obtienne l'arrêt qui brisera ces liens... que je l'obtienne aujourd'hui... à l'instant même. O mon Dieu! est-ce que c'est vrai?

CLÉMENCE.

Ah! vous ne le ferez pas maintenant... Vous ne saviez pas alors ce que c'est que m'ôter le nom d'Hermann... c'est m'ôter mon bonheur, ma vie!... bien plus! c'est me frapper d'ignominie aux yeux de tous...

RAMBERT, avec douleur.

Mais cela est horrible à penser.

CLÉMENCE.

C'est jeter l'opprobre et le mépris sur tout le reste de ma vie.

RAMBERT, avec désespoir.

Et c'est ma fille!

CLÉMENCE.

Oui, votre fille... qui venait à vous avec autant de tendresse pour son père que d'amour pour son mari, qui venait vous dire: Mon cœur ne pouvait se passer d'affection, et loin de vous il a aimé... Mais le ciel vous a fait mon protecteur, mon appui.... Quand tout menace un enfant, où trouvera-t-il un refuge, si ce n'est dans les bras de son père?

RAMBERT, très-agité.

Elle a raison! Qui donc la défendra? Mon Dieu! vous voulez éprouver ma force dans une lutte impossible à supporter.

CLÉMENCE.

Impossible, n'est-ce pas? Ah! si ce n'est pour moi, pauvre fille, presque inconnue de mon père, que ce soit pour ma mère!... Vous l'aimiez. Si l'on eût voulu arracher ainsi de vos bras votre compagne, votre Maria...

RAMBERT.

N'invoquez pas un tel souvenir!...

CLÉMENCE, suppliante.

Ma mère! tu m'entends, tu me vois implorant celui qui t'aimait! donne-moi des accens qui puissent le toucher, des mots qui arrivent à son cœur. Mon père, c'est moi, l'enfant de Maria, de vos amours... vous ne voudrez pas me perdre, me déshonorer... faire mourir sans pitié la fille de Maria... la vôtre!...

RAMBERT, presque égaré.

Laisse-moi, Maria!... laisse-moi, Clémence!... n'y a t-il pas assez

de mon cœur ?... est-ce que je puis perdre cet enfant... la tuer ?...
Est-ce qu'il y aurait de la vertu à cette cruauté?... est-ce que c'est là
un devoir, une justice?... Tout-à-l'heure, pourtant, le bon droit me
semblait là... ma raison et la loi condamnaient cette malheureuse
femme... Qu'est-ce donc que la raison?... qu'est-ce donc que la justice?... Ma tête s'égare!... est-ce que le ciel ne m'éclairera pas ?...
Mon Dieu !... secourez-moi !... secourez-la !...

On entend le bruit d'une voiture.

CLÉMENCE.

Du bruit !...

RAMBERT.

Ah! c'est la voiture du baron !... c'est lui... il vient !...

CLÉMENCE.

O ciel !

RAMBERT.

Et il trouvera là, à mes pieds, celle que j'ai promis de ne pas
voir... celle que j'ai juré de repousser et de poursuivre... et nous
semblerons tous deux d'accord pour lui enlever son fils, sa fortune !...

CLÉMENCE.

Le baron !... il ne m'a jamais vue.

RAMBERT.

Qu'importe ?...

CLÉMENCE, *très-vivement.*

Ah ! votre honneur m'est cher aussi, mon père... oui, la femme
d'Hermann ne doit pas être vue chez vous ! (*Elle écoute.*) C'est le
baron... il ne me connaît pas... remettez-vous... (*Elle essuie vivement ses yeux.*) Voyez... je ne pleure pas!... vous n'avez pas reçu
la femme d'Hermann !... et il n'y a jamais eu ici que la fille de l'a-
vocat Rambert...

RAMBERT, *avec joie.*

Ah! malgré sa faute, c'est une noble fille !

SCÈNE XI.

LE BARON, RAMBERT, CLÉMENCE.

LE BARON.

J'ai regret, mon cher monsieur, de vous arracher à la joie de cette douce réunion... présentez-moi, je vous prie, à mademoiselle votre fille...

RAMBERT, *embarrassé.*

Monsieur le baron...

LE BARON.

Une charmante personne!... (*Tendant la main à Rambert.*) Je vous fais compliment... (*Avec un soupir.*) Vous êtes plus heureux que moi... vous êtes un heureux père !

RAMBERT, *à part.*

Que dit-il ?

LE BARON.

Ce n'est pas qu'Hermann n'ait de bonnes qualités... Une fois cette affaire terminée, je le fais voyager... et ce sera...

CLÉMENCE, *avec angoisse.*

Mon père !..

RAMBERT, *à part, avec une espèce d'égarement.*

Il me semble que je ne comprends plus ce qui se passe autour de moi.

LE BARON.

Ah ! je vois bien que je suis importun en ce moment ; mais l'heure avance... il faut que je vous entraîne avec moi... que vous parliez à l'instant, puisque l'on doit prononcer l'arrêt aujourd'hui.

CLÉMENCE, *avec un mouvement de surprise.*

Aujourd'hui ! (*A son père, d'une voix suppliante.*) L'entendez-vous ?...

Rambert fait un mouvement.

LE BARON, *étonné.*

Quoi !... mademoiselle sait ?...

CLÉMENCE, *reprenant vivement d'un ton gai.*

Je sais, monsieur le baron, que vous voulez aujourd'hui m'enlever

mon père, que j'ai tant de plaisir à revoir. C'est là, j'espère, un sujet de chagrin bien naturel.

LE BARON.

Mais, je ne l'emmène que pour peu de temps ; cette affaire sera
vite terminée par sa présence... C'est que monsieur votre père, mademoiselle, est l'avocat le plus éclairé, le plus distingué de Paris, et
que je l'ai choisi surtout comme le plus honnête... que dans ce moment la perte ou le gain de mon procès dépend de lui seul.

RAMBERT, *comme effaré.*

De moi seul !... mais non !... la justice est une... si le procès est
juste, oui... mais si la cause est mauvaise ?... l'avocat adverse ne
l'a-t-il pas dit?... n'a-t-il pas eu de bonnes raisons pour le prouver?
Tout ne dépend pas de moi.

LE BARON, *étonné, le regardant.*

Que dites-vous, Rambert?... votre agitation... vos discours...

RAMBERT, *se remettant.*

Pardon!... depuis que vous m'avez quitté... une souffrance su-
bite a en effet troublé mes idées... pardonnez-moi...

LE BARON, *inquiet.*

Il est vrai... votre pâleur!... mais vous ne pouvez pas être malade en ce moment... c'est un moment décisif... solennel... L'honneur et l'avenir d'une famille reposent sur vous; pensez-y, monsieur!...

CLÉMENCE, *bas à son père.*

Pensez à votre fille...

LE BARON, *effrayé de son trouble.*

J'attends mon repos, mon bonheur et mon fils de vous seul !

CLÉMENCE, *bas à Rambert, et suppliante.*

Vous l'entendez !...

RAMBERT.

Oui, j'entends... je commence à reprendre toutes mes pensées...
tout le sentiment de... (*bas à lui-même comme à parte, et s'avançant sur le devant en se séparant des autres*) de mes devoirs et de
mon malheur : car ce que j'appelais justice quand il s'agissait d'une
autre peut-il donc changer de nom parce qu'il s'agit de ma fille?...
A quelle épreuve je suis réservé!... la force !... le courage'... mon
Dieu! mon Dieu!... où les trouverai-je ?...

LE BARON, *s'approchant.*

Bien!... bien! vous vous préparez, n'est-ce pas?... parlez avec cette émotion... je suis sauvé...

CLÉMENCE, *s'approchant de l'autre côté, lui dit tout bas.*

Écoutez votre cœur, ou je suis perdue.

RAMBERT, *détournant la tête, a l'air de ne point vouloir écouter sa fille, et dit à part, en faisant un mouvement pour sortir.*

Oh! ne la regardons pas.

CLÉMENCE.

Mon père!

LE BARON.

Mais, embrassez donc votre fille avant de partir.

RAMBERT.

Ma fille! oh! oui!

LE BARON, *pendant que Rambert embrasse sa fille et va près de la table du secrétaire prendre des papiers.*

Un avocat dans un moment comme celui-ci, c'est un général à l'instant de la bataille, n'est-ce pas?... il y va pour lui de la gloire et de l'honneur. (*Il voit Rambert qui chancelle et tombe assis près de la table.*) Ciel! qu'avez-vous?

CLÉMENCE.

Mon père!

Elle veut aller à lui, il fait un geste qui l'empêche d'approcher.

RAMBERT, *trèsagité, se relevant vivement.*

Ce n'est rien... rien, monsieur le baron... car, vous avez raison, je dois être à l'audience, y parler... y défendre les intérêts que vous m'avez confiés. Vous ne m'avez pas remis votre cause pour que je la trahisse... c'est, avant tout, mon devoir de la défendre, de vous faire rendre justice, de vous faire gagner votre procès, et vous le gagnerez.

CLÉMENCE, *près du fauteuil, tombe en disant d'une voixfaible.*

Je me meurs.

LE BARON, *qui tourne le dos au côté où est Clémence et ne la voit pas, retient Rambert, et lui dit tout joyeux pendant qu'il regarde sa fille.*

Bien!... vous êtes un brave homme, Rambert, car je vois que vous souffrez.

RAMBERT.

Oui ! je souffre !

LE BARON , *parlant très-vivement à Rambert.*

Allons donc au palais ! l'heure avance... les juges, les avocats nous attendent, le public est là... que dirait-il ?... et moi... moi, je crois que je vous emmènerais malgré vous.. Venez donc !

Il l'entraîne.

SCÈNE XII.

CLÉMENCE , *seule, sortant de l'abattement où elle est tombée.*

Mon père... il est parti !... mais il est bon !... il m'aime !... il refusera.. il ne parlera pas... ce sera remis... il va revenir... il revient !... (*Elle court à la porte du fond et prête l'oreille.*) Non, personne ! (*Elle revient sur le devant.*) Je m'étais trompée ! il ne revient pas... Que se passe-t-il en ce moment ? C'est affreux de se dire : En cet instant, à la minute où je parle et où j'ignore tout, il y a un endroit où des gens indifférens décident froidement de mon sort, où le seul qui s'émeut et qui tremble, non seulement ne peut prendre ma défense, mais est forcé par un devoir... dit-il, de parler contre moi, d'accumuler des raisons pour me perdre !... moi, son enfant. Et je suis ici !... sans pouvoir me défendre ; et pourtant si j'avais pu tout dire... tout ce que je sens là... ils n'auraient pas eu le courage de me condamner, j'en suis sûre.. Mais il faut que j'attende... attendre là... seule ! (*Regardant la pendule.*) Que les minutes sont longues !... et pourtant, à chaque instant qui s'écoule, j'ai peur que celui qui va suivre ne m'annonce un malheur !... Du bruit... (*Elle écoute.*) On rit dans la maison voisine ; il y a donc des gens qui sont calmes et heureux !

AIR : *Pitié, madame.* (Loïsa Puget.)

Là j'entends des chants d'allégresse !...
Moi, je souffre et tremble ! O mon Dieu !
Un père fuit, il me délaisse...
Ai-je bien compris son adieu ?
Le devoir, dit-il, le réclame,
Il me condamne au désespoir !

> Ma douleur va-t-elle à son âme
> Parler plus haut que le devoir ?
>   Pitié, mon père,
>   Pour ton enfant !
>   Songe à sa mère
>   Qui la défend !
>   Pitié, mon père ! (*bis*)
> Pitié, pitié, pour ton enfant !

Mais pourquoi rester ici ?... je devrais être près d'Hermann, alors ils ne m'arracheraient pas de ses bras... J'y vivrais, ou j'y mourrais... Oui ! allons le retrouver.

*Elle a été très-agitée pendant cette dernière phrase ; elle va sortir ; M*me *Durand entre.*

SCÈNE XIII.

CLÉMENCE, Mme DURAND.

Mme DURAND, *très-joyeuse.*

Eh bien ! Clémence !... tout est donc fini... arrangé ?

CLÉMENCE, *étonnée.*

Que voulez-vous dire ?

Mme DURAND.

Votre père sait tout !... et, de la fenêtre, je viens de voir le baron de Châteauneuf entrer ici.

CLÉMENCE.

Comment ?

Mme DURAND.

C'est bien lui ! je l'ai reconnu, l'air rayonnant, et faisant apporter une immense quantité de fleurs superbes... il disait... C'est pour la fille de Rambert.

CLÉMENCE.

Je ne comprends pas !...

Mme DURAND.

Tenez, le voici lui-même et ses présens.

CLÉMENCE.

Ah ! je ne veux pas le voir.

LE BARON , *en dehors.*

Par ici...

Mme DURAND, *retenant Clémence.*

Eh! bien, n'allez-vous pas avoir peur?

SCENE XIV.

Mme DURAND, CLÉMENCE, LE BARON, *et un peu après,* RAM-
BERT *et* DUVERNAY.

LE BARON, *à* Clémence. *Des domestiques apportent des corbeilles de
fleurs.*

C'est à la fille de mon avocat... de celui qui vient de gagner ma
cause, que j'offre un bouquet.

CLÉMENCE, *à part avec angoisse.*

Ah!.. Hermann!...

LE BARON.

Sortant du palais, je vois des fleurs sur le quai... dans ma joie, je
me fais une fête de vous les offrir... moins jolies que vous... (*Rambert, très-pâle, entre, appuyé sur Duvernay, et fait un mouvement à
l'aspect du Baron*) moins brillantes que l'éloquence de Rambert...
C'est un souvenir d'un jour heureux... voilà tout, mademoiselle.

Mme DURAND , *surprise.*

Mademoiselle!

LE BARON, *tirant un porte-feuille.*

Et vous, Rambert?

Rambert recule, le Baron est étonné.

Mme DURAND.

Mademoiselle ?... Quel nom donnez-vous là à votre belle-fille ,
monsieur le baron ?

CLÉMENCE , *prenant vivement le bras de madame Durand pour l'empêcher de parler.*

Ciel !

LE BARON , *stupéfait.*

Ma belle-fille! qui ?...

Mᵐᵉ DURAND, *la montrant.*

Clémence!.. Pourquoi cette surprise?... la fille de M. Rambert, la femme de votre fils... Mais vous savez cela aussi bien que moi.

LE BARON, *stupéfait.*

Grand Dieu !

DUVERNAY, *surpris.*

Il ne le savait pas.

LE BARON.

La femme d'Hermann !...

RAMBERT.

Oui, c'était ma fille !...

Mᵐᵉ DURAND, *stupéfaite.*

Mais que venait donc faire ici monsieur le baron ?

CLÉMENCE.

Ah! vous ne le saurez que trop tôt!... c'est un affreux malheur... Oui, monsieur, je suis sa fille... et il a parlé contre moi... Je suis sa fille, et il m'a sacrifiée à son devoir et à vos intérêts... Pourtant, monsieur, ne croyez pas que ce soit un mauvais père... Oh! non, il m'aime... il pleurait de joie en me revoyant ce matin, et il est bien malheureux à présent... Ah! estimez-le, monsieur; c'est le plus noble et le meilleur des hommes, et consolez-le, si vous le pouvez, de tout le malheur qui accable sa pauvre fille.

Elle sort en entraînant Mᵐᵉ Durand, qui est restée interdite.

SCENE XV.

LE BARON, RAMBERT, DUVERNAY.

RAMBERT, *après un moment de silence.*

Vous voyez, monsieur le baron, s'il est possible que j'accepte aucun salaire pour une pareille cause.

LE BARON, *tout suffoqué.*

Je suis saisi... stupéfait... anéanti... c'est à ne pas croire, ce que j'entends... Ainsi, moi, le baron de Châteauneuf, je serai venu ici, employer son temps, son talent!... lui apporter le chagrin, le malheur!.. et il ne me sera pas permis de le dédommager ?... de...

Mais je ne sais où j'avais l'esprit... d'offrir quelques billets de banque... j'ignorais alors... C'est une part de ma fortune... un sort assuré pour elle...

RAMBERT, *très-vivement.*

Arrêtez, monsieur le baron, j'ai repoussé avec calme le prix de mon travail... mais ce n'est pas ainsi, je l'avoue, que je repousserais des offres d'un autre genre... elles seraient une insulte...

LE BARON, *se tournant vers Duvernay d'un air désolé.*

Je l'insulte... à présent...

DUVERNAY.

C'est que cela y ressemble avec un homme comme lui...

LE BARON, *très-vivement à Rambert.*

Eh! bien, oui, j'aime mieux cela... prenez que je vous insulte... demandez-moi raison... demandez-moi quelque chose au moins... cela ne peut pas se passer ainsi... ni pour vous, ni pour moi... il ne manquerait plus que de me battre avec lui maintenant !... En vérité, pareille chose ne s'est jamais vue !...

DUVERNAY, *bas, au Baron.*

Ma foi, mon ami... si j'étais à votre place...

LE BARON, *à Duvernay, avec impatience, ne voulant pas l'entendre.*

Mais vous n'y êtes pas, à ma place... vous ne pouvez pas savoir ce que je pense... ni ce qu'il pense, lui !... c'est un homme pour qui l'honneur... la réputation... la gloire... (*A Rambert,*) Oh! oui, la gloire... n'est-ce pas, monsieur?... la gloire peut consoler de tout...

RAMBERT, *simplement, mais avec une profonde tristesse.*

La gloire, monsieur... si c'est la conscience d'avoir fait son devoir... j'avoue que cela soutient... mais ne console pas!... quant à la renommée, espérance du talent, elle ne peut plus exister pour une triste vie... telle que doit être désormais la mienne... maintenant, ma fille et moi, nous devons cacher et notre nom et notre existence... on ne m'entendra plus désormais dans cette enceinte du palais où ma voix aura retenti pour la dernière fois, le jour où je fus obligé de parler contre mon enfant... je renonce à une carrière qui m'a coûté un effort si cruel... je vais m'éloigner de Paris avec ma fille... à présent je ne suis plus que père...

Vers les dernières phrases il s'est reculé tout près de la porte latérale; quand il a fini de parler, il salue profondément, et entre dans la chambre voisine, avant que le Baron ait eu le temps de parler.

SCENE XVI.

DUVERNAY, LE BARON.

LE BARON, *brusquement.*
Il est fier comme un duc et pair, votre avocat...
DUVERNAY.
Comme un honnête homme, mon ami.
LE BARON.
Et il sort !

DUVERNAY.
Que peut-il faire ?
LE BARON.
Sans m'adresser un reproche, sans accepter....
DUVERNAY.
Ah !... c'est un homme qui n'est pas de notre siècle, que Rambert.
LE BARON.
Que faire ?... je ne peux pourtant pas m'en aller comme ça !
DUVERNAY.
Et sa fille ! la même nature que le père... prête à se sacrifier à un sentiment honnête... de ces gens à qui il arrive toujours malheur.
LE BARON, *avec colère.*
C'est cet étourdi, cet extravagant, qui est cause de tout cela... Ayez donc des enfans !... des héritiers... des fils uniques... pour être obligé de répondre de leurs sottises passées, présentes et futures ! (*Il se tourne du côté de la porte, Hermann entre brusquement. Le Baron recule en s'écriant.*) Allons !... le voici, maintenant !...

SCENE XVII.

LES MÊMES, HERMANN.

HERMANN, *vivement.*

Où est-elle? où est Clémence?... Mon père! ni vos tribunaux, ni votre volonté, rien dans le monde ne doit m'empêcher de tenir mes promesses à Clémence!... C'est sur la foi de mon serment, d'un serment qu'elle a cru garanti par le ciel et les hommes, qu'elle s'est donnée à moi... Rien ne peut m'obliger à être un malhonnête homme, et à l'abandonner quand tout l'abandonne... jusqu'à son père!

LE BARON.

Ah! ne parlez pas de son père, voyez-vous!

HERMANN.

Jusqu'à sa voix qui s'est elevée contre Clémence... lui! ah! c'est affreux!

LE BARON, *vivement.*

AIR : *Sous le chaume qui m'a vu naître.* (Chevilles de
Maitre Adam.)

Jeune insensé, que dites-vous ?
Rambert mérite votre hommage :
A des maux qu'il ne doit qu'à nous
Osez-vous bien joindre l'outrage ?
Ce cœur que j'ai vu se briser,
Du moins je saurai le défendre!...
Tâchez, avant de l'accuser,
D'être digne de le comprendre.

HERMANN.

Lui!...

LE BARON.

Égaré par ta passion, malheureux, tu ne vois pas que Rambert est une de ces vertus antiques, un de ces honneurs inflexibles qui rappellent ce qu'il y a de plus beau et de plus noble dans les temps de la chevalerie.

HERMANN.

Et sa fille!... sa fille est un ange, mon père!... Ah! c'est elle!...

SCENE XVIII.

DUVERNAY, HERMANN, LE BARON, CLÉMENCE.

CLÉMENCE, *accourant.*

Hermann !... Ah! j'avais reconnu sa voix.

HERMANN, *toujours retenu par son père pendant et jusqu'à la fin de cette scène.*

Clémence !... oui, c'est moi qui reviens te chercher.

CLÉMENCE, *immobile, fait un signe de tête comme pour dire non, et sans le regarder.*

Me chercher... Hermann !... je ne peux plus vous suivre...

HERMANN.

Vous !...

CLÉMENCE, *vite, sans le regarder, mais émue.*

Je ne suis plus votre femme, je ne suis plus rien pour vous... les liens qui nous unissaient, ils sont brisés... ah! ma vie aussi, je l'espère... Je ne murmure pas... je ne dois accuser personne! Quand je vous suivis, Hermann, je croyais notre mariage facile, et je l'ai cru depuis un lien éternel... mais les lois, les hommes, tout s'est réuni contre moi!

On voit qu'elle a fait de grands efforts jusque là pour paraître calme et qu'elle pleure malgré elle.

HERMANN.

Ah! je te reste, Clémence! et je t'appartiens à jamais.

CLÉMENCE, *se retournant vivement du côté du Baron, d'un ton suppliant et presque à genoux.*

Emmenez-le, monsieur... emmenez votre fils... vous voyez bien que je ne veux pas le suivre, et que pourtant quand sa voix s'est fait entendre là... je suis venue malgré moi... que toute ma vie... toute mon âme est avec lui!.. que c'est mourir mille fois que refuser de le suivre!... Ah! emmenez-le donc, monsieur; je vous en prie...

SCÈNE XIX.

Les Mêmes, RAMBERT.

RAMBERT, *entrant et s'arrêtant presque à la porte, d'un ton mécontent et étonné.*

Vous, ma fille, aux genoux du baron ...

CLÉMENCE, *se relevant vivement, dit avec un peu de fierté.*

Ah! je ne lui demandais que d'emmener son fils.

Elle court dans les bras de son père, qui la tient sur son cœur.

RAMBERT.

Oui... qu'il parte, qu'il nous laisse enfin... c'est trop long-temps me contraindre... c'est trop long-temps souffrir!... Eloignez-vous!

CLÉMENCE.

Un moment encore... il me reste un devoir à remplir.

RAMBERT.

Comment?

CLÉMENCE, *avançant un peu et ôtant son anneau.*

Monsieur Hermann, je dois vous rendre cet anneau, je n'ai plus le droit de le porter, car je ne suis plus mariée... tout est fini... Reprenez-le, monsieur... reprenez-le...

HERMANN, *avec désespoir.*

Jamais!...

CLÉMENCE, *au Baron.*

Mais dites-lui donc, monsieur, que je n'ai plus le droit de le porter!...

HERMANN.

Clémence!...

Il s'appuie sur Duvernay en cachant ses larmes.

LE BARON.

Monsieur Rambert!

RAMBERT, *qui tient toujours sa fille dans ses bras, se tournant vers le Baron, fait un geste qui a l'air de dire. Encore la!*

Adieu, monsieur.

LE BARON.

Monsieur Rambert... le baron de Châteauneuf a l'honneur de vous demander pour son fils Hermann la main de mademoiselle Clémence, votre fille.

RAMBERT.

Ciel !...

CLÉMENCE, *s'ôtant des bras de son père par un mouvement de sur-prise.*

Que dit-il ?

DUVERNAY, *avec joie.*

Est-il vrai, mon ami ?

LE BARON, *avec brusquerie.*

Que diable voulez-vous qu'on fasse avec des gens comme ceux-là ? (*Il pousse Hermann du côté de Clémence et va à Rambert en lui ten-dant la main. A son fils.*) Voilà ta femme ! (*A Rambert.*) Et vous' Rambert... la main à un ami !...

RAMBERT.

Bien généreux... car vos projets...

LE BARON.

Sont accomplis !... le mariage d'Hermann fera honneur à sa fa-mille !... Noblesse de cœur et d'esprit !... je reconnais aussi celle-là, et c'est la meilleure.

FIN.

étoit affligée d'un mal douloureux, & incurable, fit
appeller l'esclave: cette humble fille refusant d'aller au
Palais, la Reine vint elle même chez elle, se coucha
sur son grabat, & fut soudainement guerie. Le Roy
surpris de cette seconde merveille, voulut luy donner
de grandes récompenses ; mais comme la Reine lui
dit qu'elle ne prenoit ni or, ni argent, qu'elle n'a-
voir à cœur que la publication de la Foy Chrétienne,
on l'appella, on l'entendit, elle s'expliqua le mieux
qu'elle put, elle convertit la Reine, le Roy peu de
jours aprés se trouvant dans un grand peril, en fut dé-
livré, sur la promesse qu'il fit de croire en Jesus-Christ,
& de le prendre pour son Dieu ; revenu dans son Palais, il s'instruit à fonds par cette captive de la Loy
Chrétienne, il la prêche luy-même aux hommes, la
Reine, & cette captive la prêchent aux femmes : *Rex
quidem viris, Regina verò, & captiva mulier fæminis.* Des
miracles nouveaux affermirent leur foy naissante, le
feu de la charité s'alluma parmi eux, ils élevent un
Temple au Sauveur, & enfin affranchis de leur infi-
delité par cette admirable esclave, ils députent, selon
son conseil, vers l'Empereur Constantin, tout plein de
zéle pour la propagation de la Religion. Ils luy ex-
posent tout ce qui s'étoit passé parmi eux, ils luy
offrent leur alliance, & leur confederation, & pour
toute récompense ils luy demandent, des Evéques
des Prédicateurs & des Prestres, pour faire d'eux une
Chretienté nouvelle, pour leur prêcher l'Evangile,
pour les instruire dans la loy de Jesus-Christ, pour
leur administrer le Baptême, & les Sacremens ; ils les

obtiennent, nôtre pieux ⌐   ⌐nvoye les
Miniſtres du culte divin. Ce fut ainſi que toute l'illu-
ſtre Nation des Iberiens reçurent la foy, laquelle
ils ont inviolablement conſervée juſqu'à nos jours,
diſent les Autheurs cy-deſſus, & qu'une petite fille
amena à Jeſus-Chriſt un ſi grand peuple : *Ad hunc mo-
dum Iberi Chriſti notitiam ſuſceperunt, ejuſque cultum etiam
nunc ſtudioſè retinent* : Ce fut ainſi qu'un peu de levain
éleva, & échaufa une ſi froide & peſante maſſe de
paſte, & la rendit legere, & capable de devenir un
pain ſavoureux digne d'être mis ſur la table du Pere
de Famille, & que cette parole de noſtre Evangile
s'accomplit : *Simile eſt regnum cælorum fermento quod mulier abſcondit*.

III°. Le troiſiéme moyen de perfection dans une
femme Chrétienne, eſt le ſoin du ménage, figuré par
l'application de cette femme de nôtre Evangile, qui
paſſe elle-même ſa farine, & qui cache le levain dans
la paſte pour faire le pain, malgré un travail ſi peni-
ble, ſi frequent, ſi bas, & ſi humiliant, ſi contraire à
la ſanté, à la délicateſſe, à la propreté, & au luxe des
habits, ſi incommode par la cendre & le feu : *Simile eſt
regnum cælorum mulieri quæ abſcondit fermentum in farinæ ſa-
tis tribus, donec fermentatum eſt totum* : Et comme ſaint
Jean-Baptiſte interrogé par le peuple, les Publicains,
& les Soldats, ſur ce qu'ils avoient à faire pour gagner
le Royaume des Cieux, diſoit aux premiers de donner l'aumône, aux ſeconds de s'en tenir à ce qui
leur eſtoit ordonné ; aux troiſiémes, de ne faire vio-
lence à perſonne, & comprenoit ſous chacun de ces

principaux devoirs, les autres obligations moins important-
portantes de leur état : ainfi l'Evangile fous cet em-
ploy laborieux d'une femme vertueufe, qui fait elle-
même le pain , renferme les autres foins domefti-
ques , dont elle doit eftre chargée , à l'exemple de
Sainte Marthe occupée des follicitudes & du mi-
niftere domeftique : *Satagebat circa frequens minifte-
rium.* Voyons en un modele achevé dans cette femme fi forte & fi digne d'être donnée en fpectacle
à toutes les perfonnes de fon fexe : *Mulierem for-
tem quis inveniet?* & dont le Sage nous décrit les devoirs & les occupations en ces termes , il dit d'elle.

1°. Qu'elle a la crainte de Dieu fi profondement
gravée dans le cœur , & qu'elle en donne des mar-
ques fi éclatantes , qu'elle attire les loüanges de tout
le monde : *Mulier timens Dominum ipfa laudabitur.*

2°. Qu'elle a méprifé la beauté frivole & les appas
trompeurs de la femme mondaine, & qu'elle en a vû
le vuide & la vanité : *Fallax gratia , & vana eft pul-
chritudo.*

3°. Que toutes fes paroles ont efté des leçons de fa-
geffe , & toûjours accompagnées d'une douceur qui
ne fut jamais alterée par l'emportement ni la colere :
Os fuum aperuit fapientiæ , & lex clementiæ in lingua ejus.

4°. Que fon Epoux eft devenu opulent & heureux
par la tranquilité qu'elle a mife dans fa famille , &
qu'elle luy a attiré des loüanges qui l'ont rendu ve-
nerable parmi les grands de la terre : *Nobilis in portis
vir ejus cùm federit cum Senatoribus terræ :* Sans jamais
luy avoir donné aucun fujet de chagrin par fes mau-
vaifes

vaiſes humeurs : *Reddet ei bonum & non malum omnibus diebus vitæ ſuæ.*

5°. Que ſes enfans ont publié par tout ſa ſage conduite dans leur éducation, dans la conſervation de leurs biens, & dans la tendreſſe qu'elle leur a témoignée, ſans que des predilections & des preferences indiſcretes ayent jamais troublé leur paix mutuelle : *ſurrexerunt Filii ejus , & beatiſſimam prædicaverunt eam.*

6°. Que ſes domeſtiques n'ont pû ſe laſſer de publier la juſtice, la liberalité, la charité, la prudence avec laquelle elle les a gouvernez : *Non timebit domui ſuæ à frigoribus nivis, omnes enim domeſtici ejus veſtiti ſunt duplicibus.*

7°. Que les pauvres ſe ſont reſſentis de ſa charité, qu'elle a ouvert ſes mains pour diſtribuer des aumônes à ceux de ſon voiſinage, & qu'elle les a étendues pour ſecourir les plus éloignez : *Manum ſuam aperuit inopi , & palmas ſuas extendit ad pauperem.*

8°. Que les grandes affaires qui l'ont occupée ne luy ont pas fait negliger les plus petites, qu'elle a prevenu le jour pour reveiller ſes gens, & les appliquer au travail : *De nocte ſurrexit deditque prædam domeſticis ſuis , & cibaria ancillis ſuis.* Qu'elle a examiné tous les endroits de ſa maiſon, ſi tout eſtoit dans l'ordre, & la propreté, qu'elle n'a point mangé ſon pain dans l'oiſiveté : *Conſideravit ſemitas domûs ſuæ, & panem otioſa non comedit.* Qu'elle a conſideré l'étendue, la ſituation, & la fertilité d'un champ, puis qu'elle l'a acheté : *Conſideravit agrum, & emit eum ;* qu'elle a recueilli de ſes épargnes dequoy faire planter une vi-

gne : *De fructu manuum suarum plantavit vineam.* Qu'elle s'est contentée de la simplicité des étofes filées par
elle-même, qu'elle n'a voulu devoir qu'au travail,
& à l'adresse de ses mains, la façon de ses habits :
Quæsivit lanam & linum, & operata est consilio manuum
suarum. Qu'elle a esté si laborieuse & si industrieuse,
qu'elle a fait elle-même des toiles si fines, des ouvrages si deliez, des cordons d'un tissu si beau, des
ceintures si bien ouvragées que le Cananeen curieux
les a achetez à haut prix comme une marchandise la
plus rare : *Sindonem fecit, & vendidit, & cingulum tra-*
didit Cananæo. Aprés cela faut-il s'étonner si la lampe
de sa pieté ne s'étant point éteinte pendant sa vie :
Non extinguetur in nocte lucerna ejus, elle a fermé ses
yeux avec un doux soûris quand l'heure de sa mort
est arrivée, & si les autres ne recevant alors que des
reproches de leurs crimes, elle n'a reçû que des élo-
ges de ses bonnes œuvres ? *Date ei de fructu manuum*
suarum, & laudent eam in portis opera ejus.

C'est ainsi que la retraite, la chasteté & le soin
domestique ; trois dispositions à la perfection dans
les femmes Chrétiennes, consomment l'œuvre de
Dieu en elles, & comme un levain spirituel agissent
sur les trois mesures de farine dont parle notre Evangile, jusqu'à ce que la masse de cette paste froide,
pesante, & insipide, soit changée & transformée en
Jesus Christ habitant en elles : *Simile est Regnum Cæ-*
lorum fermento quod absondit mulier in farinæ satis tribus,
donec fermentatum est totum.

F I N.

Le 24. *Decembre* 1711.